L'ORGANISATION FINANCIÈRE

DE

L'EMPIRE MAROCAIN

« Ne craignez jamais de penser hardiment en public toujours toute votre pensée ».

ANATOLE FRANCE (*Temps* du 29 mai 1910).

PAR

Taleb ABDESSELEM

DOCTEUR EN DROIT
AVOCAT PRÈS LE TRIBUNAL CIVIL D'ORLÉANSVILLE (ALGÉRIE)
DIPLOMÉ D'ÉTUDES SUPÉRIEURES DE LÉGISLATION ALGÉRIENNE ET TUNISIENNE
DE LA MÉDERSA SUPÉRIEURE ET DE LA FACULTÉ DES LETTRES D'ALGER

PARIS
ÉMILE LAROSE, LIBRAIRE-ÉDITEUR
11, Rue Victor Cousin, 11

1911

A MES ÉMINENTS MAITRES

MONSIEUR BASSET

Doyen de la Faculté des Lettres d'Alger
Correspondant de l'Institut.

MONSIEUR MARÇAIS

Inspecteur Général de l'Enseignement des
Indigènes Musulmans d'Algérie.

MONSIEUR MORAND

Doyen de la Faculté de Droit d'Alger.

Hommage de profonde reconnaissance.

A MONSIEUR ALBIN ROZET

Député de la Haute-Marne
notre inlassable et désintéressé défenseur.

Hommage respectueux.

BIBLIOGRAPHIE

AUBIN (Eugène). — Le Maroc d'aujourd'hui, Paris 1904.
Ahmed ben Khaled Ennossiri, Kitab Estiksa fi Akhbar Moghirb El-Aksa, 1906.

AVELLANE (Marcus). — La guerre à propos du Maroc. Volonté impériale, loi suprême, Paris, 1906.

AZAN (Capitaine Paul). — La frontière algéro-marocaine au début de 1907. Tonnerre, 1907.

BACH-HAMBA (Ali). — La collection du « Tunisien » (1906-1911).

BASSET (René). — Bulletin des périodiques de l'Islam, 1903-1907. Paris, Leroux, 1908.

— L'avenir de l'Islam. Questions diplomatiques et coloniales, octobre 1901.

BENATTAR (César). — El Hadi, Sebaï Abdelaziz Ettaalbi, L'esprit libéral du Coran.

BÉRARD (Victor). — Le Sultan, l'Islam et les Puissances. Paris, 1909.

— L'affaire marocaine : le Maroc, la France et le Maroc ; l'accord franco-anglais, l'accord franco-espagnol, le désaccord franco-allemand, les réformes, Paris, 1906.

BERNARD (Augustin). — Le commerce au Maroc. Revue générale des sciences, 1903.

— Une mission au Maroc. Bulletin du Comité de l'Afrique française, octobre et novembre 1904.

— L'Islam dans l'Afrique occidentale. Questions diplomatiques et coloniales, avril 1900.

BINGER (L.-G.). — Le péril de l'Islam, Bulletin du Comité de l'Afrique française, Paris, 1906.

BONET-MAURY (G.). — L'Islamisme et le Christianisme en Afrique, 1906.

BOURASSIN (R.). — La question du Maroc, thèse de la Faculté de Droit de Paris, 1904.

BOUKHARI (El). — Les traditions islamiques, traduites de l'arabe avec notes et études par W. Marçais et Houdas, Paris, 1903.

BOURDARIE (Paul). — L'Islamisme et le fétichisme, Paris, 1903.

BRUZON (Dr Paul). — Conférence sur l'orientalisme dans la littérature française, donnée au local de l'Association des anciens élèves du collège Sadiki, *Le Tunisien* des 12 et 19 mai 1910.

COIN (Robert de). — La politique française au Maroc. Bulletin de l'Afrique française, 1905 à 1907.

CARRA DE VAUX. — La doctrine de l'Islam, Paris, 1909.

CASTRIES (Comte Henry de). — L'Islam, impressions et études, Paris, Colin 1896.

— Les Moralistes populaires de l'Islam. Les gnomes de Sidi Abderrahman el Medjedoub, Paris, Leroux, 1896.

CHARPENTIER. — Précis de législation algérienne et tunisienne, Alger, 1899.

CAVAILLÉ. — Le Maroc et les perspectives économiques de l'Europe, thèse de Doctorat à la Faculté de Droit de Grenoble, 1909.

CHEVRILLON (André). — Un crépuscule d'Islam au Maroc 2e édition. Paris, Hachette, 1908.

CAMPON (Ludovic de). — Un empire qui croule. Le Maroc contemporain.

COUR (Auguste). — L'établissement des dynasties des Chérifs au Maroc et leur rivalité avec les Turcs de la Régence d'Alger. Paris, E. Leroux, 1904.

Cousin (Albert) et Saurin (Daniel). — Le Maroc. Paris 1905.

Doutté (Édouard). — Notes sur l'Islam maghrebin. Les Marabouts, Paris, 1900.

Dupuy. — Les impôts indigènes en Algérie, thèse de doctorat à la Faculté de Montpellier, 1910.

Dozy. — Essai sur l'histoire de l'Islamisme, traduction Chanus Leyde, 1879.

— Histoire des Musulmans d'Espagne, Leyde 1861.

Eberhart (Isabelle), Barucand (Victor). — Dans l'ombre chaude de l'Islam, Paris, Fasquelle, 1906.

El Ahkam Essoultonia d'Abou-Hassan Ali-Iben Mohammed Ben Habib El-Mawerdi. — Traduit par le comte Léon Astrorog.

Erckman (Jules). — Le Maroc moderne. Paris, 1885.

Forget (D. A.) — L'Islam et le christianisme dans l'Afrique centrale. Thèse présentée à la Faculté de théologie protestante de Paris, Cahors, 1900.

Fidel (Camille). — Les intérêts économiques de la France au Maroc, 1903.

— L'opinion allemande et la question du Maroc, Paris, 1905.

Gondal (Abbé J.-L.). — Islamisme et Christianisme, Paris, A. et R. Roger, 1906.

Gaudefroy-Demombynes. — Voir sa traduc. de la préface du Livre d'Ibn Toumert, Alger, 1903.

Goudron (André). — La politique française au Maroc. Thèse à la Faculté de droit de Paris, 1906.

Girard (capitaine). — Étude sur le Maroc, Paris 1901.

Hamed (Ismaël). — Les Musulmans français du Nord de l'Afrique, Paris, 1906.

Hess (Jean). — La question du Maroc, Paris.

Houdas (O.). — L'Islamisme, Paris, 1908.

Huart (C. L.). — Sur les variations de certains dogmes de l'Islamisme aux trois premiers siècles de l'hégire. Paris, 1901.

Jeannot (Gustave). — Étude sociale politique et économique sur le Maroc, thèse de la Faculté de droit de Dijon, 1907.

Kamal Mohammed ben Mustapha ben El-Khoudja. — La tolérance religieuse dans l'islamisme. Traduction française de M. A. Bogard. Alger, impr. de P. Fontana, 1902.

Kiamil-Bey. — Vérité sur l'Islamisme et l'empire Ottoman (présentée au Xe Congrès international des Orientalistes à Genève, Paris, impr. de C. Noblet et fils, 1897).

Larcher. — Législation algérienne, Paris, 1903.

Leblond (Ary). — Les beautés de la civilisation arabe (Revue Bleue, 23 juillet 1901).

Le Bon (Dr Gustave). — La civilisation des Arabes. Paris, 1881.

Le Chatelier (A.). — L'Islam dans l'Afrique occidentale. Paris, 1899.

Leclerc (René).

Lheureux (Jean). — Étude sur l'Islamisme, thèse présentée à la Faculté de théologie protestante de Montauban. Genève. Société d'imprimerie, 1901.

Lôti (Pierre). — Au Maroc. Paris, 890.

Mallarmé (André). — Les conseils locaux indigènes et la représentation des indigènes. Thèse Paris, 1901.

Maugin (Cap.). — La crise commerciale des marchés franco-marocains. Les douanes marocaines à Oudjda, bulletin de l'Afrique française, 1905.

Marçais. — L'avenir de l'Islam. Questions diplomatiques et coloniales, octobre 1901.

Martinière (H. de la). — Notice sur le Maroc. Paris, 1897.

Michaux-Bellaire. — Archives marocaines. Paris, 1905-1907.

Millot (Louis). — La femme musulmane au Maghreb. Thèse Paris, 1910.

Mohammed ben Rahal. — L'avenir de l'Islam. Questions diplomatiques et coloniales, novembre 1901.

Mary (Pierre). — Influence de la conversion religieuse sur la condition juridique des personnes en Algérie. Thèse Paris, 1910.

Mouliéras (Aug.). — Le Maroc inconnu. Paris, 1899.

Moulin (H. A.). — La question marocaine d'après les documents du Livre Jaune. Paris, 1906.

Moustapha Kamel Bey. — L'Europe et l'Islam. Paris, Librairies imprimeries réunies, 1903.

Peltier. — Cours de droit public musulman professé à la Faculté de droit d'Alger, 1909.

Perron. — L'Islamisme, son institution, son état présent, son avenir, annoté par Clerc, Paris.

Randu. — A propos d'un nouveau livre sur l'Islam. Revue : *la Quinzaine*, 4e année, t. XIII, n° 53, 1er janvier.

Renan (Ernest). — L'Islamisme et la science. Paris, 1883.

Richet (Étienne). — Voyage aux dernières citadelles de l'Islam. Anvers, impr. de J. Van Hilled Backer, 1907.

Roche (Léon). — Dix ans à travers l'Islam, 1831-1841. Paris, Perrin, 1904.

Schmitz du Moulin. — Les chevaliers de la lumière; deuxième volume. L'Islam, c'est-à-dire la résignation à la sainte volonté de Dieu par Mohammed Adil. Paris, G. Ficker, 1905.

Salmon et Charleville. — Le Maroc : son état économique et commercial. Paris, 1906.

Stanislas (Guyard). — La civilisation musulmane (leçon d'ouverture faite au collège de France le 19 mars 1884). Paris, 1884.

Segonzac (De). — Voyage au Maroc. Paris, 1901.

Tardieu. — La collection du « Tunisien », 1906 à 1911.

Van Berchem. — Étude sur le Kharagh. Genève, 1886.

Zeys (Mathilde). — Une française au Maroc.

Worms. — De la constitution territoriale des pays musulmans. Paris, 1842.

AVANT-PROPOS

L'organisation financière, élément vital d'une nation, a longtemps fait défaut chez les peuples Musulmans, en dehors des époques particulièrement brillantes des « Khalifats ». Cette imprévoyance est la caractéristique des pays d'Islam et une des causes principales de leur désagrégation. Elle se retrouve encore aujourd'hui dans l'Empire Marocain. Et, lors d'un séjour prolongé que j'ai eu l'occasion de faire dans cet État, je me suis efforcé de me rendre compte par moi-même des inconvénients multiples de cette sorte « d'anarchie financière ».

Cette question m'a attiré par sa nouveauté. Sans doute, M. Michaux-Bellaire avait déjà traité ce sujet dans une série d'articles très documentés et très consciencieux dont je me suis souvent servi. Mais, cet auteur voudra bien reconnaître avec moi qu'il avait laissé dans l'ombre certains côtés d'une matière aussi complexe. J'ai voulu reprendre, dans ce modeste travail, les notions déjà acquises et j'ai cherché à jeter un jour nouveau sur les points volontairement laissés dans l'ombre.

Avant d'aborder mon sujet, je me suis demandé

— et la question m'a été posée à maintes reprises — comment je pourrais étudier les finances d'un pays qui n'en a pas. Mais, je suis vite revenu sur ma première impression et j'ai bientôt reconnu combien grande était mon erreur. En effet, l'embarras financier de l'Empire marocain est relativement récent. Il date seulement de l'immixtion des Puissances européennes dans les affaires intérieures du Maroc. Avant cette ingérence, les produits des impôts et des douanes ne servaient, comme nous le verrons plus loin, qu'à l'entretien de la Cour chérifienne et de ses insatiables fonctionnaires. Les dépenses nécessitées par les travaux des services publics, (marine, routes, ponts, ports, instruction publique, hôpitaux, culte, etc., etc.), n'existaient point. Le Makhzen pouvait donc se suffire largement avec les revenus habituels du pays.

Mais, quand le jeune ex-Sultan Abdelaziz se fut entouré d'une bande d'amuseurs européens qui se servirent de lui comme d'un jouet, tout fut bouleversé de fond en comble dans son pays : les ressources normales de l'Empire ne suffisaient plus ; le Trésor public, rempli au prix de mille peines par l'énergique Moulay El Hassan, fut à son tour complètement dilapidé et l'on dut, en dernier lieu, recourir aux expédients et en arriver aux emprunts, but si ardemment poursuivi par les puissances européennes pour justifier leur intervention dans le pays. Tout cela, pour payer les nombreuses commandes de joujoux du Grand Enfant qu'était Moulay Abdelaziz.

Pourtant, à l'avènement de ce souverain, le Maroc ne devait rien à personne. Or, à sa chute, ses dettes au contraire, se calculaient par plusieurs dizaines de millions. Mais, n'importe ! s'il y avait eu dans le pays une bonne et solide organisation des finances avec une rentrée régulière des impôts, le Maroc, grâce à la richesse de ses mines, à la fertilité de son sol, serait arrivé facilement à désintéresser ses créanciers et à redevenir prospère.

Hélas ! vu l'état social de ce pays, cela paraît un rêve irréalisable. Néanmoins, il n'y a pas lieu de le considérer comme dépourvu de toute ressource financière. Il faut plutôt croire qu'il manque d'organisation.

Avant d'aborder ma préface, je crois avoir des devoirs à remplir. J'ai inscrit dans la première page de mon petit travail les noms de mes éminents Maîtres : MM. Basset, doyen de la Faculté des Lettres d'Alger, correspondant de l'Institut ; Marçais, Inspecteur Général de l'Enseignement des Indigènes Musulmans d'Algérie ; Morand, doyen de la Faculté de Droit d'Alger. Leur devant tout, je leur renouvelle respectueusement l'expression de ma profonde reconnaissance.

Je suis heureux d'adresser l'assurance de ma gratitude à MM. Charpentier, Gérard, Larcher, Mallarmé, Peltier, Thomas, Vincent, professeurs à la Faculté de Droit d'Alger; Barthélemy, Brémond, Giffard, Moye, Nogaro, professeur à la Faculté de Droit de Montpellier ; Gautier (Léon), Fagnan, Doutté, Yver, professeurs à la Faculté des Lettres d'Alger; Bel, Directeur à la Médersa de Tlemcen ; Delphin, ex-directeur à la Médersa d'Alger, délégué financier d'Alger ; Destaing, directeur à la Médersa d'Alger, qui par les idées qu'ils m'ont inculquées et les bons conseils qu'ils m'ont prodigués, m'ont permis d'arriver à subir avec succès les examens de doctorat.

J'exprime aussi mes vifs remerciements à M. Lesœur, professeur à la Faculté de Droit de Paris, qui a bien voulu accepter la présidence de cette thèse ; à MM. Augustin Bernard, professeur à la Sorbonne; Terrier, secrétaire général de *l'Afrique française* Michaux-Bellaire, directeur de la Mission scientifique française à Tanger, Étienne, ancien ministre de la Guerre, Vice-président de la Chambre des députés, Messimy, ministre des Colonies, Sarrut, président à la Cour de cassation, Guiot, ministre plénipotentiaire, chargé de la Dette marocaine, Ismaël Hamet, officier interprète principal à l'Etat-major du ministère de la Guerre, Ben Ghabrit, conseiller de Droit Musulman à la Légation de France à Tanger, Gaudefroy Demonbynes, professeur à l'Ecole des Langues Orientales et à l'Ecole Coloniale; A. Pawlowski, rédacteur au journal des *Débats*, auxquels je dois une multitude d'indications et de conseils précieux ; à M. le Gouverneur Général de l'Algérie, à M. le Directeur et à MM. les Membres de la Direction des affaires indigènes au Gouvernement Général de l'Algérie pour l'encouragement qu'ils ont bien voulu me témoigner chaque fois que je me suis adressé à leur bienveillance.

J'adresse également à mon ami Henri Bruno, docteur en droit, avocat à la Cour d'appel de Paris, le souvenir de ma sincère sympathie.

Enfin, j'exprime, en terminant, mes sentiments affectueux à mes chers et bien aimés frères Mostefa, mufti à Sidi-Bel-Abbès, Chaïb, cadi à Tiaret, Mohammed, cadi à Oued-Fodda qui m'ont aidé à compléter mes recherches documentaires dans le Koran et la Souna.

Paris, le 24 février 1911.

TALEB ABDESSELEM.

ÉTUDE

SUR

L'ORGANISATION FINANCIÈRE

DE

L'EMPIRE MAROCAIN

PRÉFACE

Le Maroc est une des dernières puissances musulmanes qui ait encore gardé une quasi indépendance. Le chaos dans lequel se trouve ce pays est tel qu'il n'a pas gardé la forme d'un état. En effet, la notion de l'état suppose une organisation plus ou moins complète ou plus ou moins bien adaptée de l'administration, de la justice, de l'armée, des finances, etc. Or, le semblant d'organisation existant actuellement au Maroc ne peut constituer un état dans le sens moderne du mot.

A quoi peut-on attribuer cette situation lamentable de l'Empire marocain ? C'est une question très complexe et sur laquelle les opinions sont très divisées Mais, d'une façon générale, on impute l'état actuel du Maroc à la religion, c'est-à-dire aux principes de l'Islam.

La religion de Mahomet, dit-on, a été la cause principale de la décadence de tous les pays où elle a pénétré.

Il ne nous appartient pas dans un travail aussi spécial que celui-ci, de traiter une aussi importante question. Nous croyons devoir cependant, malgré la spécialité de notre sujet, exposer les lignes principales des opinions émises par certains écrivains. Nous nous permettrons ensuite de donner la nôtre en toute sincérité.

Pour les uns, la stagnation actuelle de la communauté musulmane provient principalement de la notion qui s'est figée dans l'esprit des Musulmans que le droit du libre examen a cessé avec les premiers légistes (les canonistes)..., qu'un Musulman pour être regardé comme un sectateur orthodoxe de Mahomet est tenu de conformer son opinion aux interprétateurs d'hommes qui vivaient au IXe siècle et ne pouvaient avoir aucune conception du XXe siècle.

Pour les autres, la fusion du pouvoir spirituel et temporel entre les mains du Khalife, l'immutabilité de la religion du Prophète ont toujours été une entrave à l'évolution des peuples musulmans, qui n'ont jamais formé un état, dans l'acception moderne du mot et n'ont point conçu l'idée de nationalité.

Ernest Renan, dans une conférence à la Sorbonne, qui fit sensation, bien qu'il eût montré jusqu'alors un esprit impartial et très pénétrant sur les choses de l'Islam, prononça contre la religion musulmane une condamnation de la dernière rigueur, dans les termes que voici : « A partir de son initiation religieuse, l'enfant musulman jusque-là quelquefois éveillé, devient tout à coup fanatique, plein d'une sotte fierté de posséder ce qu'il croit la vérité absolue, heureux comme d'un privilège de ce qui fait son infériorité. Ce fol orgueil est le vice radical du musulman. » C'est ainsi que Renan, attaché à dénoncer les vices de l'esprit religieux en tant qu'adversaire de l'esprit scientifique, accuse nettement la religion des Musulmans d'impuissance et de vandalisme. Et, prévenant l'objection qu'on lui fera en évoquant Haroun Errachid de Bagdad, il fit observer que l'Islam se borna à hériter de la civilisation des Perses sassanides, elle-même héritière de la Grèce, que ce ne fut donc sous les Abbassides qu'une résurrection de la Perse. Mais cela même pose que l'Islam peut susciter et favoriser le développement de civilisations autochtones et écarte donc l'accusation de vandalisme.

M. René Basset, l'éminent arabisant, donne son opinion sur l'Islam en ces termes (1): « Le jour où

1. *Questions diplomatiques et coloniales*, octobre 1901.

à Bagdad, en plein khalifat, en plein développement d'une *civilisation supérieure à celle de l'Europe d'alors*, l'orthodoxie la plus étroite et par suite la plus fanatique, triompha non seulement de la libre-pensée, mais même d'un libéralisme bien mitigé (le motazilisme) qui ne contestait aucun des points fondamentaux du dogme, mais qui faisait une certaine part à l'exercice de la pensée, ce jour-là marqua la décadence fatale de l'Islam. »

Tels sont brièvement résumés, les principaux griefs qu'on fait à l'Islamisme.

Quant à nous, nous ne croyons pas que ce soit la religion mahométane, réduite à sa plus simple expression, c'est-à-dire dégagée de toutes les superstitions dont se plait à l'entourer un peuple ignorant, qui ait été la seule cause de l'état actuel des pays musulmans. En effet, l'histoire nous apprend que pendant les premiers siècles qui suivirent la naissance de l'Islam, les pays soumis à son joug étaient devenus d'une prospérité qu'ils n'avaient jamais connue. Il a réussi en peu de temps à réunir en une seule nation des multitudes de peuplades de races diverses, naguère déchirées par des luttes intestines séculaires.

D'autre part, on ne pourrait nier les grands progrès réalisés à cette époque par les différents peuples sectateurs de l'Islam dans la culture des arts, des sciences et des lettres. Les monuments, les palais et les restes d'une riche et vaste littérature qui sont encore un objet de l'admiration universelle en Orient, en Espagne et dans l'Afrique septentrionale constituent des preuves irrécusables d'une civilisation brillante qui n'est pas morte et par conséquent peut revivre avec éclat.

Renan lui-même reconnaît que le monde musulman a été supérieur, pour la culture intellectuelle, au monde chrétien pendant cinq cents ans, à peu près de 775 à 1250.

Nous ne saurions être plus précis, pour rappeler l'œuvre grandiose de la civilisation musulmane qu'en reproduisant ces quelques extraits des deux éminents maîtres, Gustave Le Bon et Le Chatelier.

« Aussitôt que les Arabes eurent terminé leurs conquêtes, dit Gustave Le Bon, leur œuvre de civilisation commença. En moins d'un siècle, ils avaient défriché les campagnes incultes, peuplé les villes désertes, créé des monuments magnifiques établi des relations commerciales avec tous les autres peuples. Ils s'étaient ensuite adonnés à la culture des sciences et des lettres, traduisaient les auteurs grecs et latins et fondaient des universités qui furent pendant longtemps les seuls foyers intellectuels de l'Europe.

Le même auteur parlant de l'influence exercée par la civilisation musulmane sur le monde chrétien ajoutait (1) : « L'importance du rôle exercé par les

1. Gustave Le Bon : *La Civilisation des Arabes*, p. 282.

Arabes en Occident, ne peut se comprendre qu'en ayant présent à l'esprit l'état de l'Europe à l'époque où ils introduisirent la civilisation.

« Si l'on se reporte aux IXe et Xe siècles de notre ère, alors que la civilisation musulmane de l'Espagne brillait du plus vif éclat, on voit que les seuls centres intellectuels du reste de l'Occident étaient de massifs donjons habités par des seigneurs demi-sauvages, fiers de ne savoir pas lire. Les personnages les plus instruits de la chrétienté étaient de pauvres moines ignorants passant leur temps à gratter pieusement au fond de leurs monastères, les copies des chefs-d'œuvre de l'antiquité pour se procurer le parchemin nécessaire à la transcription d'ouvrages de piété.

« La barbarie de l'Europe fut pendant longtemps trop grande pour qu'elle s'aperçût de sa barbarie. Ce n'est guère qu'au XIe et surtout au XIIe siècle que quelques aspirations scientifiques se produisirent. Lorsque quelques esprits un peu éclairés sentirent le besoin de secouer le linceul de lourde ignorance qui pesait sur eux, *c'est aux Arabes, les seuls maîtres alors, qu'ils s'adressèrent.*

« Ce ne fut pas, par les croisades comme on le répète généralement, mais par l'Espagne, la Sicile et l'Italie, que la science pénétra en Europe. Dès 1130, un collège de traducteurs, établi à Tolède et patronné par l'archevêque Raymond, commença la traduction en latin des plus célèbres auteurs arabes. Le succès de ces traductions fut considérable ; un monde nouveau était révélé à l'Occident et dans le courant des XIIe, XIIIe et XIVe siècles, elles ne se ralentirent pas. Non seulement, les auteurs arabes comme Rhozès, Albucasis, Aviconne, Averroès, etc., furent traduits en latin, mais encore les auteurs grecs, tels que Galien, Hippocrate, Platon, Aristote, Euclide, Archimède, Ptolémée, que les Musulmans avaient traduits dans leur propre langue. Dans son histoire de la médecine arabe, le Dr Leclerc porte à plus de trois cents le nombre des ouvrages arabes traduits en latin. Le moyen âge ne connut l'antiquité grecque qu'après qu'elle eut passé d'abord par la langue des disciples de Mahomet. C'est grâce à ces traductions que d'anciens auteurs dont les ouvrages originaux sont perdus ont été conservés jusqu'à nous. Tels sont entre autres, les sections coniques d'Apollonius, les commentaires de Galien sur les épidémies, le traité des pierres d'Aristote, etc. C'est aux Arabes seuls et non aux moines du moyen âge qui ignoraient jusqu'à l'existence du grec qu'est due la connaissance de l'antiquité et le monde leur doit *une reconnaissance éternelle* pour avoir sauvé ce précieux dépôt. « Effacez les Arabes de l'histoire, écrit M. Lebri et la renaissance des lettres sera retardée de plusieurs siècles en Europe (1). »

1. Gustave Le Bon. *La Civilisation des Arabes*, p. 618.

Enfin Gustave Le Bon termine son livre en ces termes : « Au point de vue de la civilisation bien peu de peuples ont dépassé les Arabes et l'on n'en citerait pas qui ait réalisé des progrès si grands dans un temps si court. Au point de vue religieux, ils ont fondé une des plus puissantes religions qui aient régné sur le monde, une de celles dont l'influence est des plus vivantes encore. Au point de vue politique, ils ont créé un des plus gigantesques empires qu'ait connus l'histoire. Au point de vue intellectuel et moral, *ils ont civilisé l'Europe*. Peu de races se sont élevées plus haut, mais peu de races sont descendues plus bas. Aucune ne présente d'exemple plus frappant de l'influence des facteurs qui président à la naissance des empires, à leur grandeur et à leur décadence (1).

M. Le Chatelier, dans la *Revue économique internationale* (2) s'exprime, sur l'époque de la civilisation musulmane, en ces termes : « Époques de splendeurs incomparables où les Musulmans pénétrés d'idées nouvelles s'adonnent avec ardeur aux travaux de la paix. Héritiers de la science grecque, ils la continuent *et font mieux qu'elle*. Des fondations opulentes multiplient les bibliothèques et les écoles, Bagdad a un collège d'interprètes et une université où six

1. Gustave Le Bon. *La Civilisation des Arabes*, p. 677.
2. Juillet 1910.

mille élèves de toutes conditions reçoivent une instruction gratuite. L'astronomie est dotée d'observatoires munis de grands instruments. Les mathématiques fleurissent. La chimie naît. On construit des hôpitaux. L'architecture et la céramique associent leurs œuvres. Les arts mécaniques affirment leur maîtrise par des chefs-d'œuvre d'horlogerie et les arts du tissage par leurs étoffes précieuses. Entreprises minières, irrigations, routes, canaux, villes nouvelles, tout témoigne d'une merveilleuse activité vitale dans ce monde musulman des premiers siècles.»

Telle est l'œuvre de l'Islam dans les premiers siècles après sa naissance. Il est donc inexact de prétendre que la religion de Mahomet ait constitué dans tous les temps une barrière au progrès et à l'émancipation civilisatrice.

Au surplus, il convient de bien remarquer que le dogme islamique par lui-même, ne contient, en principe, rien qui soit incompatible avec le progrès. Les Jeunes Turcs, les Jeunes Égyptiens et les Jeunes Tunisiens instruits dans les écoles françaises arrivent parfaitement à concilier leurs croyances avec les nécessités de la vie moderne.

D'autre part, il y a lieu d'ajouter que les Puissances civilisées qui tiennent aujourd'hui le premier rang et qui ont réalisé la séparation du pouvoir spirituel et du pouvoir temporel n'ont nullement perdu la pratique de leur religion. Au contraire, le nombre des pratiquants chez elles est beaucoup plus grand que dans aucun pays de l'Islam (1).

Si donc les luttes religieuses (2) ou les conflits d'intérêts placés sous le couvert de la religion ont contribué dans une certaine mesure à la désagrégation de l'Empire arabe, cette ruine a eu d'autres causes beaucoup plus graves.

Toujours est-il qu'après avoir jeté un vif éclat dans les sciences, les arts, et les lettres du VIIIe au XIIIe siècle, l'Islamisme s'est arrêté, est resté stationnaire puis a décliné depuis la chute de la domination des Maures en Espagne.

Sa décadence a été provoquée, à notre avis, par son manque d'énergie dans l'organisation de l'immense empire dont la conquête fut si rapide, par sa décentralisation à outrance, par le défaut de réglementation précise de la dévolution du Khalifat qui

1. A Londres, par exemple, le dimanche, la vie est complètement interrompue ; tout le monde, hommes et femmes, est au Temple. En France même, où la religion a beaucoup perdu et perd continuellement de ses adeptes, la grande masse n'y reste pas moins attachée : Au mois de juin 1908 je me suis trouvé à Montpellier quand on fêtait la bienheureuse Jeanne d'Arc. C'est au prix de mille peines que j'ai pu trouver une petite place à la cathédrale. Jamais, à ma connaissance, un marabout de Tlemcen, ma ville natale, n'a été célébré avec autant de solennité et autant d'enthousiasme. Cependant Tlemcen est une ville très religieuse, c'est la Jérusalem de l'Algérie.

2. Il est entendu que nous ne considérons pas l'Islamisme comme religion particulière à caractères déterminés.

entraînait toujours les guerres intestines entre les nombreux compétiteurs et leurs çofs et surtout par son excès de tolérance vis-à-vis des diverses races qui vivaient sous le sceptre de l'Islam ; sous ce rapport l'Empire arabe connut les mêmes vicissitudes que l'Empire romain.

Et, il n'y a rien de paradoxal dans ce que nous affirmons ici. L'Islamisme a été victime de sa grande tolérance envers les non musulmans. « Ce n'est pas à l'intolérance, dit M. de Castrie (1), que le Mahométisme a dû son expansion si rapide et il serait plus juste de soutenir que *la tolérance religieuse dont il a fait preuve a causé la ruine de l'Empire arabe.* » Plus loin (2), le même auteur ajoute ceci : « ... Il est juste de faire remarquer que la grande tolérance dont l'Islam fit toujours preuve, favorisa les révoltes... et que finalement cette tolérance *contribua à la désagrégation de l'Empire arabe.* »

Sur cette question de tolérance de l'Islam, Gustave Le Bon s'exprime en ces termes (3) : « Les Arabes réussirent en quelques siècles à transformer matériellement et intellectuellement l'Espagne, et à la placer à la tête de toutes les nations de l'Europe. Mais la transformation ne fut pas seulement matérielle et intellectuelle, elle fut également morale. Ils

1. L'Islam, *Impressions et études par le comte de Castrie*, p. 102.
2. P. 104
3. Gustave Le Bon. *La Civilisation des Arabes*, p. 281.

apprirent ou du moins essayèrent *d'apprendre aux peuples chrétiens la plus précieuse des qualités humaines : la tolérance*. Leur douceur à l'égard de la population conquise était telle qu'ils avaient permis à ses évêques de tenir des conciles ; ceux de Séville en 782 et de Cordoue en 852 peuvent être cités comme exemples. Les nombreuses églises chrétiennes construites sous la domination arabe sont également des preuves du respect avec lequel ils traitaient les cultes placés sous leur loi.

« Beaucoup de chrétiens s'étaient convertis à l'Islamisme, mais ils n'avaient que bien peu d'intérêt à le faire, car les chrétiens vivaient sous la domination arabe et nommés pour cette raison Mazarabes, étaient du reste traités, de même que les juifs, *sur le même pied que les musulmans et pouvaient comme eux aspirer à toutes les charges de l'État*. L'Espagne arabe étant le seul pays de l'Europe où les juifs étaient protégés, ces derniers avaient fini par y devenir très nombreux. »

Récemment encore, à l'occasion d'un « meeting » retentissant, les juifs de Constantinople ont proclamé leur attachement à la Turquie *où les juifs fugitifs de tous les pays d'Europe ont trouvé un accueil libéral*.

Enfin M. L.-G. Binger, directeur des affaires de l'Afrique au ministère des Colonies, dans ses remarquables articles sur le *Péril de l'Islam* (1) donne son

1. *Bulletin de l'Afrique française*, avril 1906.

opinion sur la tolérance musulmane en ces termes : « C'est, dit-il, *cette grande tolérance professée à l'égard des religions* monothéistes qui assura aux musulmans dans les premiers temps de la conquête des millions d'adhésions. »

Il est donc incontestable que l'Islam a été plutôt victime de sa tolérance aux dépens d'ailleurs de ses propres intérêts. En effet, s'il avait été plus prévoyant en cherchant par quelques moyens à absorber et à assimiler les peuples chrétiens conquis, il n'aurait pas eu, chez lui, d'une façon permanente, un ferment de désordre prêt à se soulever et à se révolter à la première occasion.

Dans l'espèce, on peut dire, avec juste raison, que l'Islam n'a pas su concevoir l'idée de nationalité. Il a laissé les peuples conquis intacts, sans leur imposer ses lois ni sa langue et se contentant purement et simplement de prélever sur eux un maigre tribut, la djezia ou droit de capitation.

C'est donc à tort que la religion islamique est accusée de fanatisme. Et de nos jours encore le seul fanatisme dont on parle, c'est celui des musulmans. C'est le prétexte en tous cas, invoqué par les puissances européennes pour intervenir dans les affaires intérieures de l'Orient sous couleur de protéger les chrétiens violant aussi, et d'une façon flagrante, le principe primordial du droit des gens sur la nonintervention (1). Or, il est bien établi que, dans aucun autre pays de l'Europe les chrétiens ne sont aussi bien traités et aussi bien favorisés qu'en Turquie. En effet, dans ce pays, même avant la Révolution des Jeunes Turcs, les chrétiens n'ont pas été gênés dans l'exercice de leur culte; ils se font construire des églises autant qu'ils en veulent; leurs prêtres ne sont jamais inquiétés ; leurs séminaires et leurs écoles libres pullulent dans le pays ; et ils arrivent aux plus hautes fonctions publiques. (Le représentant de la Turquie constitutionnelle à Paris, son Excellence Naoum Pacha, n'est-il pas un chrétien ?)

1. Le fanatisme chrétien, à notre avis, s'exprime sûrement dans ces paroles du ministre des Affaires étrangères anglais, Sir X lorsqu'il apprit le succès des armées ottomanes dans la guerre grecoturque, provoquée par la malveillance de la Grèce : « Jamais, disait le ministre anglais, nous ne permettrons au Croissant de prendre un pouce de terre à la Croix. » (Cours de Droit international publics de M. le Professeur Moye de la Faculté de Droit de Montpellier 1908-1909.)

Donc encore, au XXe siècle, on oppose toujours la Croix au Croissant. Les croisades n'ont changé que de formes. Cependant, en 1870, lorsque les Allemands eurent remporté la victoire, les Anglais poussés par leur pseudo-libéralisme ne crurent pas devoir s'opposer à leurs ambitions inadmissibles. Et la France provoquée et entraînée dans une guerre injuste et à laquelle elle n'était pas préparée, n'a trouvé aucun concours et a été obligée de céder ses deux plus belles provinces et de payer cinq milliards de francs à l'ennemi victorieux.

Il est vrai, que la France a eu le malheur d'avoir affaire à la Croix.

Enfin la grande comédie qui se joue autour de l'île de Crète depuis près d'un siècle, nous donne encore un exemple typique de la façon dont les chrétiens pratiquent la tolérance.

D'autre part, les Capitulations octroyées spontanément par les sultans aux chrétiens étrangers, résidant en Orient, sont encore une preuve éclatante du libéralisme et de la grande tolérance de l'Islam.

Cependant, voyons un peu la situation du musulman chez ces puissances qui interviennent d'une façon constante, en Orient, en faveur de leurs coreligionnaires chrétiens pour les affranchir du joug du Croissant.

Il est pénible de constater que cette situation est lamentable. En effet, le musulman chez elles est frappé d'une sorte de *capitis deminutio* et n'a pas l'honneur d'être considéré comme citoyen ; il n'est que sujet. Pour être admis à la jouissance des droits civils et politiques, il est astreint à formuler une demande de naturalisation de la même façon qu'un étranger. Il est en outre assujetti à des juridictions spéciales inférieures aux juridictions de droit commun, à des impôts spéciaux, exorbitants. Il est soumis à un régime administratif rappelant celui de la belle époque des seigneurs de la Féodalité et constituant la principale entrave à son évolution et à son émancipation. Il est exproprié de ses meilleures terres qui vont être livrées soi-disant à la colonisation, mais par l'élément chrétien seulement, fût-il étranger. Si bien que sans la terre qui est une sorte de mère pour l'homme, le musulman est réduit à la misère et à la ruine. Enfin, autant que possible, il est maintenu dans l'ignorance ou ne reçoit qu'une instruction très superficielle ; il est exclu d'une façon systématique de presque toutes les fonctions publiques et ne peut avoir l'honneur de servir dans l'armée comme citoyen ; il est vrai qu'il est utilisé comme mercenaire. Enfin le musulman n'est pas jugé digne d'être représenté au Parlement où l'on rencontre des députés de toutes les races (1). Cependant dans certaines Assemblées locales, on lui permet d'envoyer quelques représentants qui, de la façon dont ils sont choisis, jouent et ne peuvent jouer qu'un rôle décoratif et de simples figurants.

La grande tolérance dont l'Islam a fait preuve, comme nous avons succinctement essayé de l'établir, sur des autorités appartenant au monde chrétien, a donc contribué, dans une large mesure, à sa désagrégation.

Il y a certainement d'autres causes que nous ne saurions préciser, de même qu'il est difficile de trouver celles qui ont entraîné la décadence des grands empires, romain, grec, perse, etc. Pourtant, ce sont ces peuples qui posèrent les premiers fondements d'une brillante civilisation. Les peuples musulmans ont subi, hélas ! le même sort et sont tombés.

1. En Russie, cependant, la Douma qui est le Parlement russe reçoit également des députés musulmans. C'est une bizarrerie de voir dans un Etat d'absolutisme par excellence le musulman avoir les mêmes droits et les mêmes devoirs que les autres sujets du tzar.

Mais, depuis quelques années, un vent régénérateur s'est élevé pour secouer la torpeur qui pesait sur le monde musulman depuis des siècles.

En effet, certains symptômes accusent dans la mentalité des peuples de l'Islam, une tendance à l'évolution. Sous la poussée des idées occidentales, favorisée par la rapidité des communications, il se produit au sein des collectivités mahométanes une activité nouvelle contrastant singulièrement avec le passé d'inertie intellectuelle qui résume l'histoire des groupements islamiques, depuis plusieurs siècles, et il semblerait que l'ancien mouvement des idées par lequel s'illustra l'Islam au lendemain de son apparition est en voie de renaissance.

Si les puissances européennes savaient quelque gré à l'Islam de ce qu'elles en ont recueilli à la suite des croisades et des traductions en arabe des livres grecs et latins, elles lui tendraient sincèrement la main et l'aideraient dans sa régénération. Mais cela paraît encore douteux. Le fort qui ne vit que de l'exploitation du faible ne veut, en effet, jamais consentir à donner à ce dernier la force et l'énergie nécessaires pour lui permettre de vivre comme lui (1). Mais, malgré mille obstacles et mille entraves, le

1. Gustave Le Bon, dans son livre sur la civilisation des Arabes, (p. 674) s'exprime en ces termes : « Au moins nos égaux par l'habileté, et d'autant plus facilement que la spécialisation n'a pas abaissé leur intelligence, les Orientaux, nous sont supérieurs par leur sobriété,

musulman finira par s'affranchir pour respirer et peut-être même au détriment de l'Européen si ce dernier persiste dans son attitude hostile. Il faut toutefois souhaiter entre les deux races une entente cordiale, seule susceptible d'éviter bien des catastrophes et bien des malheurs.

Après cette longue digression dont nous nous excusons, revenons à notre sujet.

Nous disions plus haut, que l'empire marocain, un des derniers pays musulmans encore demi-indépendants, était tellement en décadence, qu'il n'avait guère gardé la forme d'un État. Aucune organisation, aucune administration digne de ce nom n'existe dans ce

leur absence de besoins et leurs mœurs patriarcales. Il ne leur manque qu'une chose — fondamentale, il est vrai, — pour égaler les peuples civilisés de l'Europe, c'est de posséder une couche suffisante d'hommes supérieurs à quelques grands hommes. *Il est heureux pour nous*, d'ailleurs, qu'ils ne les possèdent pas, parce qu'alors les *qualités* de la masse de leur population leur permettraient facilement de *nous supplanter et de se* PLACER A LEUR TOUR A LA TÊTE DE LA CIVILISATION.

Mon éminent compatriote si Mohammed ben Rahal, dans son excellent travail sur l'avenir de l'Islam (V. Question diplom. et Col. oct. 1901) s'exprime en ces termes : « L'Europe, dans son aveuglement, ne peut voir que d'un mauvais œil ces changements qu'elle juge de nature à barrer la route à ses convoitises : aussi s'efforce-t-elle de brouiller les cartes, de semer la zizanie et d'empêcher un relèvement inévitable. Mais ses menées ténébreuses n'auront pas l'effet qu'elle en attend et c'est sous le canon de la chrétienté que se fera la renaissance de l'Islam.

pays qui est demeuré mystérieux. En effet, à part ses rivages et ses frontières avec l'Algérie, qui commencent à nous être familiers surtout depuis l'occupation française, l'intérieur est resté dans une obscurité presque complète. Nous ne savons donc rien de précis sur ce qui existe dans ce pays.

Sa population est estimée par les uns à huit millions, par d'autres à quinze millions. M. Mouliéras l'évalue jusqu'à trente millions. Ce qu'il y a d'incontestable, c'est qu'elle est beaucoup plus dense que dans le reste de l'Afrique septentrionale.

Cette population comprend comme en Algérie et en Tunisie, deux peuples principaux: les Berbères autochtones, et les Arabes, venus en conquérants. Ces deux peuples ont tellement fusionné qu'il est difficile aujourd'hui de les distinguer. Les premiers sont beaucoup plus nombreux que les seconds ; ils forment à eux seuls, au moins les trois quarts de la population totale du Maghreb. Ils ont de bonne heure embrassé l'Islam ; mais du Coran, ils n'observent guère que le jeûne du Ramadan. Leur rêve a toujours été l'indépendance et la liberté complètes. Aussi ont-ils toujours été le cauchemar des peuples qui ont voulu les conquérir et les soumettre. Les dernières expéditions des Chaouya et des Beni Snassen nous montrent une fois de plus, qu'ils ne sont pas faciles à dompter. Il a fallu la puissance formidable de la France pour tenir en respect une poignée de tribus sans chefs, sans instruction militaire, sans canons. La population du Maroc est donc composée de races très vigoureuses et éminemment guerrières.

Bien que tous mahométans, les Marocains n'observent, avons-nous dit, qu'en partie, la religion du Prophète. En effet, l'ignorance dans laquelle ils sont plongés depuis des siècles est telle que l'Islam qui consiste principalement dans la croyance en un seul Dieu dont Mahomet est le dernier des Prophètes, est transformé en un culte fétichiste. C'est ainsi qu'aux yeux de certains Marocains, les marabouts qui infestent les quatre coins du Maghreb, jouissent d'une considération sinon supérieure à celle du Prophète lui-même, tout au moins égale. Or, en réalité, ces marabouts ne sont que de fainéants parasites auxquels la religion musulmane ne reconnait aucun rôle, aucune autorité (1). En effet, Mahomet interdit for-

1. A propos des marabouts, je me permets de rappeler qu'un jour je me suis trouvé dans l'église de Saint-Étienne-du-Mont, à Paris, pour visiter le beau monument qui date d'Henri IV. J'aperçus tout à coup, à côté de l'autel, une jolie tombe en granit bien taillé et orné de dorures. Au-dessus il y avait des bougies allumées. Je ne vous cacherai pas, que de prime abord, il m'a semblé être en présence d'un de ces tombeaux maraboutiques que j'avais l'habitude de voir en Afrique. Par exemple, celui de Sidi-Boumédine, patron de ma ville natale, Tlemcen ne diffère pas beaucoup de celui-là. Curieux, j'ai demandé à un des nombreux fidèles agenouillés devant le saint, quel était ce vénéré marabout. On me répondit que c'était sainte Geneviève, la fameuse patronne de Paris.

Inutile de parler de ma stupéfaction de trouver que même à Paris, la

mellement aux croyants de demander une autre assistance que celle de Dieu et blâme sévèrement ceux qui s'adressent à de simples mortels. Malheureusement l'esprit simple et naïf des Marocains surtout est victime de la superstition et de l'exploitation des confréries. Ils croient qu'étant sous la protection d'un chef de confrérie, celui-ci les introduira directement au Paradis parce qu'il est l'ami de Dieu.

Comment cette puissance des chefs de confréries, des saints et de toute autre puissance occulte peut-elle être admise par les musulmans, alors que dans les Hadits(1), le Prophète disait à sa fille Fatima: «Conduis-toi bien, Fatima, car se sont tes bonnes actions qui intercèdent pour toi auprès du Créateur, et ton père, tout Prophète qu'il est, ne te servira de rien.»

Les Marocains, à part les citadins des grandes villes, telles que Fez, Meknès, Tanger, Rabat, etc., n'entendent pas le premier mot de la religion islamique et ne sont musulmans que de nom.

D'autre part, leur organisation sociale est très rudimentaire et rappelle à peu près celle des peuples européens du Moyen-Age. Mais la forme du gouvernement et de l'administration du Maroc est unique.

mère des civilisations, il y a des « marabouts » et des « maraboutes ».

Mais depuis, j'ai été édifié par ce que l'on m'a raconté du culte de saint Antoine de Padoue.

1. Loi traditionnelle rapportant les paroles, faits et gestes de Mahomet.

Le pays est divisé en une multitude de petites républiques ayant à leur tête un caïd, élu par la tribu, dans les territoires dits Blad-Essiba (pays indépendant) et nommé par le sultan dans les régions dites Blad-el-Makhzen (pays soumis à l'autorité centrale). Entre ces sortes de Républiques, il n'y a rien de commun, elles se considèrent comme étrangères les unes aux autres.

D'autre part, entre les caïds, il n'existe aucune hiérarchie qui caractérise la forme féodale.

Théoriquement et surtout au point de vue religieux, le sultan est l'unique chef de l'Empire marocain. En effet, dans les circonstances graves et particulièrement en cas d'envahissement du territoire par des éléments étrangers et principalement par des chrétiens, si le sultan proclame la Guerre Sainte (Djihad) il est sûr de recevoir le concours dévoué aussi bien de ses sujets fidèles que des rebelles du Blad-Essiba.

A ce sujet, il est curieux de remarquer que dernièrement lorsque les Espagnols ont provoqué et attaqué les Riffins, ces derniers envoyèrent des délégations de notables au Sultan pour lui demander d'intervenir et de proclamer le Djihad. Pourtant ces Riffins n'avaient jamais voulu se soumettre politiquement à l'autorité centrale. C'est dire que le Sultan est partout reconnu, mais plutôt comme Pontife religieux que comme Souverain politique. A ce titre encore, il reçoit d'une façon à peu près régulière, comme nous le verrons bientôt, des redevances des tribus qui sont cependant indépendantes. Son autorité effective ne se fait sentir que dans les territoires Makhzen. Elle s'y traduit surtout par la nomination et la révocation des caïds. Nous avons vu plus haut que ces derniers, dans les Blad-Essiba, sont à peu près élus par leurs pairs de la tribu et perdent la vie chaque fois qu'ils cessent de plaire. En effet, chez ces barbares, il n'y a pas de moyen terme. Sont-ils contents de leur chef, ils s'inclinent devant ses décisions sans aucune récrimination. Ont-ils, au contraire, quelque chose à lui reprocher, ils se débarrassent alors de lui en lui tranchant la tête sans aucune forme de procès. Aussi, n'est-il pas toujours enviable d'être leur élu.

Mais d'une façon générale, le caïd a partout des pouvoirs illimités. Il vient d'ailleurs directement après le sultan et ses vizirs. Il cumule entre ses mains des attributions administratives, judiciaires, municipales, financières, etc. En un mot, il est presque le maître absolu, le seigneur de son fief. D'autre part, il ne subit absolument aucun contrôle et n'a de compte à rendre à personne. Ses décisions, qui sont en droit susceptibles d'appel devant le sultan, sont, en fait, très rarement modifiées par lui.

Les rouages administratifs marocains sont, comme nous venons de le voir, très réduits. En tête, le sultan et ses ministres qui forment le Makhzen, et dans les provinces les caïds qui sont investis de tous les pouvoirs.

Les cadis (1) n'ont qu'un rôle secondaire ; ils s'occupent généralement des questions judiciaires en matière de statut personnel et de quelques actions personnelles, mobilières et immobilières. Le droit pénal proprement dit est de la compétence des caïds. On est encore loin d'appliquer dans ce pays le grand principe de Montesquieu sur la séparation des pouvoirs.

En somme au Maroc nous ne trouvons aucune des institutions d'un état organisé ; c'est l'anarchie dans toute l'acception du mot.

C'est pourquoi le sujet que nous avons à traiter aujourd'hui présente beaucoup de difficultés. En effet, l'organisation des finances qui sont la vie d'une nation n'existe presque pas au Maroc. Néanmoins nous allons nous efforcer d'étudier, en premier lieu, les sources des impôts marocains. Nous examinerons ensuite l'organisation financière telle qu'elle existe actuellement dans le pays. En dernier lieu nous parlerons des réformes que certains sultans et l'Europe ont tenté, à diverses reprises, d'introduire dans l'Empire.

Notre travail sera donc divisé en trois parties :

PREMIÈRE PARTIE. — *Des impôts coraniques.*

1. C'est-à-dire les hauts magistrats.

Deuxième Partie. — *Des impôts marocains et de l'organisation actuelle des finances de l'Empire marocain.*

Troisième Partie. — *Des réformes introduites dans le pays par les Sultans et par l'Europe.*

PREMIÈRE PARTIE

Dans cette première partie, nous avons à étudier les impôts coraniques, leur assiette, leur affectation, leurs modifications, la création du kharadj et de la djezia, le bit-el-mal et enfin l'organisation proprement dite des finances sous les Khalifes.

CHAPITRE PREMIER

Des Impôts coraniques

Le Maroc étant un pays d'Islam, c'est dans la Législation musulmane que nous trouvons la source de ses impôts.

La loi coranique ne comporte en principe qu'une seule espèce d'impôt, le zekkat, de la racine « zaka » qui veut dire « être pur » : l'impôt est une pratique qui purifie. On le nomme aussi « çadaqa » c'est-à-dire « aumône ». L'impôt est à la fois une purification et une aumône. A raison de son double caractère juridique et religieux, on l'appelle quelquefois dans les traductions françaises, aumône légale.

Cet impôt, le zekkat, on ne peut pas, en droit musulman strict en augmenter le montant, mais tous les Musulmans le doivent au même titre que la prière, parce que c'est un des cinq devoirs fondamentaux de la loi musulmane. Ces devoirs sont au nombre de cinq : la profession de foi musulmane, la prière, le pèlerinage, le jeûne et l'aumône légale ou impôt. Ce sont les « cinq piliers » de la religion : On n'est pas musulman si on ne satisfait pas à ces cinq obligations.

Le fidèle qui s'acquitte du zekkat doit avoir l'intention d'accomplir un acte pieux, un devoir dogmatique.

M. Doutté dans une très intéressante conférence faite à l'École des Langues Orientales, trouve l'origine du caractère religieux du zekkat dans les croyances primitives, telles que nous les ont révélées les ethnographes modernes.

« L'impôt, dit-il, a un caractère religieux, et par conséquent, doit avoir pour origine des pratiques religieuses. C'est une purification : Or, quelles sont les purifications dans la religion ? La purification par excellence la plus étendue et la plus universelle, c'est le sacrifice, essentiellement purificateur qui lave toutes les souillures de l'âme et du corps.

« Le sacrifice, d'ailleurs, n'est pas aussi complexe que dans le cas du sacrifice sanglant d'un animal ou du sacrifice d'un Dieu. » M. Doutté, à l'appui de sa thèse, cite cet exemple : « Tout le monde, dit-il, sait ce que c'est qu'un bouc émissaire, c'est un animal dans lequel on concentre tous les péchés de la communauté, de la tribu, et qui emporte tout le mal avec lui, comme les pourceaux dans le corps desquels le Christ fit passer les démons qui tourmentaient un possédé. Le savant professeur donne ensuite le texte du Lévitique sur le bouc émissaire juif : « El Aron, mettant ses deux mains sur la tête du bouc vivant, confessera sur lui toutes les iniquités d'Israël et tous leurs forfaits, tous leurs péchés et les mettra sur la tête du bouc et l'enverra au désert par un homme exprès. Le bouc donc portera sur lui toutes les iniquités dans une terre inhabitée, et l'homme laissera aller le bouc par le désert. »

A l'idée primitive du sacrifice, élimination du mal et acquisition du bien par le fidèle qui s'approche d'une source de bénédictions, s'ajoute une autre idée qui en dérive, une idée de don, d'offrande, de charité.

Et, envisagé ainsi, le sacrifice devient un acte de foi

Le zekkat étant un sacrifice déguisé est donc essentiellement purificatoire et l'on comprend maintenant pourquoi l'impôt musulman est une pratique religieuse.

SECTION I

De l'assiette des Impôts coraniques

Le zekkat porte sur le bétail, pour la dixième partie à peu près ; sur les métaux précieux et marchandises possédées pendant une année entière pour deux et demi pour cent de leur valeur, et sur les fruits de la terre pour un dixième. C'est une sorte d'impôt sur le revenu. Comme le zekkat porte, en ce qui concerne les arbres fruitiers et les autres produits de la terre sur un dixième de la récolte, on l'appelle achour (c'est-à-dire dixième) en tant qu'il porte sur le dixième des produits de la terre.

Étudiant de plus près la contribution du zekkat, nous sommes loin de voir consacrer des exactions au préjudice des bourses modestes ; au contraire, ses principes nous paraissent étayés sur l'équité sociale et la clairvoyance économique :

C'est ainsi que les biens qui ne dépassent pas une certaine valeur sont exempts du paiement de la dîme ;

Que les objets qui servent à l'usage personnel ne payent pas cet impôt.

Que pour qu'un bien soit tenu au paiement du zekkat, il faut qu'il ait appartenu au moins un an à son titulaire.

Que l'individu qui déclare posséder depuis moins d'un an est cru sur parole ; il en est de même s'il y avait déjà un premier collecteur dans l'année et que l'individu déclare avoir payé la dîme.

Que jusqu'à une certaine quantité, le taux est progressif ;

Que les produits de la terre arrosée naturellement (par la pluie) paient le double de ce que paient les produits provenant de la terre arrosée par le travail de l'homme ou par son industrie ;

Que les bœufs destinés au labour, quel que soit leur nombre, ne paient pas de zekkat ;

Qu'enfin les produits des mines paient le double de la dîme, un dépôt ou un trésor en fait est sujet au même prélèvement.

Selon la Hedaya, le zekkat est une ordonnance de Dieu, obligatoire pour tout individu de conditions libres, sain d'esprit et de corps, adulte et sujet musulman, qui est pourvu en toute propriété de la quantité de biens ou d'effets montant à la valeur indiquée dans le langage de la loi par le terme « *nissab* » pourvu qu'il soit en possession, depuis l'espace complet d'une année, ce qui s'appelle « aoul... »

Le zekkat n'est pas dû sur les maisons qui servent de demeure, les articles de vêtements et de ménage sur les animaux domestiques, les armes et les livres de sciences.

Dans le même traité, nous trouvons quel est le *nissab* (quantité imposable) pour différentes catégories de biens : pour le numéraire, il est de 200 dirhems (130 francs) ; pour les marchandises, quand la valeur dépasse 200 dirhems, la dîme est due à raison de 5 dirhems par 200 dirhems ; le « nissab » pour les chameaux est de 5; pour les bœufs (qui ne sont pas de labour) 50; pour les moutons 40 ;

Pour les disciples d'Hanifa, la dîme n'est due que pour les récoltes constantes et du moment où elles montent à une quantité de 5 « wask » (quinze quintaux).

Pour avoir une idée exacte de l'assiette de l'impôt dans l'ancien droit musulman, il ne faut pas perdre de vue les conditions d'existence des pays de tribu. Le commerce qui était en honneur parmi les Arabes se faisait à dos de chameaux ; ces vaisseaux du désert étaient le capital mobilier par excellence ; aussi le législateur s'en occupe-t-il d'une façon particulière dans la réglementation de la dîme (1). D'un autre côté, la tribu, toujours en mouvement, ne peut se comprendre sans le troupeau de moutons qui la suit partout dans ses pérégrinations et qui lui procure le nécessaire à sa subsistance. De même, cette seconde catégorie de biens est visée elle aussi, d'une façon spéciale, par le « hadits » suivant que nous reproduisons intégralement à raison de son importance (2).

« Anas rapporte qu'Abou Beker lui écrivit les instructions suivantes lorsqu'il l'expédia dans la province d'El-Boïraux : « Au nom de Dieu, etc... Ceci est la règle relative à la dîme telle que l'Envoyé de Dieu l'a imposée aux musulmans et telle que Dieu l'a imposée à son envoyé.

« Celui des musulmans à qui on réclamera ce que la loi impose devra le payer, celui à qui on réclamera davantage ne devra pas le payer.

« Pour 24 chameaux ou un chiffre inférieur la dîme

1. M. S. Colosio, avocat du Barreau de Tunis, *Le Tunisien* du 21 mars 1910.

2. Cf. El Bokhari, *op.* XXXVIII, p. 473.

est d'un mouton pour chaque 5 chameaux ; de 25 chameaux à 35 chameaux inclusivement la dîme sera d'une chamelle d'un an ; de 36 à 45 chameaux, la dîme sera d'une chamelle de deux ans ; de 46 chameaux à 60, elle sera d'une chamelle de trois ans en état d'être saillie ; de 61 à 75, la dîme sera d'une chamelle de quatre ans ; de 76 à 90, elle sera de deux chamelles de deux ans ; de 91 à 120, elle sera de deux chamelles de trois ans.

« Au-dessus de 120 chameaux, la dîme sera, pour chaque 40 chameaux, une chamelle de deux ans ; pour chaque 50 chameaux ; une chamelle de trois ans.

« Celui qui n'aura que quatre chameaux ne devra pas de dîme, à moins qu'il ne veuille la payer bénévolement.

« La dîme pour les moutons vivant au pâturage est d'un mouton quand le troupeau a de 40 à 120 moutons inclusivement. Au-dessus de 120 moutons et jusqu'à 200 moutons, la dîme est de deux moutons ; de 200 à 300 moutons, la dîme est de trois moutons.

« Au-delà de 300, la dîme est d'un mouton par 100.

« Quand le troupeau d'un homme est inférieur à 40 moutons, il n'est pas dû de dîme ; à moins que le propriétaire ne veuille la payer.

« Pour l'argent, la dîme est du 1/4 du dixième.

« Et si la somme ne s'élève pas à 100 « dirhems » il n'est pas dû de dixième à moins que le propriétaire ne veuille payer. »

Dans ce « hadits » les troupeaux de chameaux et de moutons sont l'objet de taxation progressive jusqu'à une limite maxima.

Pour 4 chameaux on ne paie rien;

Pour 5 chameaux on paie un mouton ;

De 6 à 24 chameaux, pour chaque groupe de 10 chameaux on paie deux moutons;

De 25 à 35 chameaux, pour cet autre groupe de 10 chameaux, on paie une chamelle d'un an;

De 36 à 45, pour ce groupe de neuf chameaux, on paie un chamelle de deux ans.

45 chameaux est la limite de la progression pour chaque nouveau groupe; au-dessus de ce chiffre, le taux change.

Une taxation progressive analogue frappe les moutons:

Pour 40 moutons, on ne paie rien;

Pour la première tranche de 80 moutons (de 40 à 120) la dîme est d'un mouton.

Pour la deuxième tranche de 80 moutons de (121 à 200) la dîme est de deux moutons;

Pour la troisième tranche de 100 moutons (de 201 à 300) la dîme est de trois moutons.

On voit, d'un côté, que les possesseurs d'un modeste troupeau ne sont tenus à aucune contribution; de l'autre la taxation progressive s'arrête à une quantité déterminée. On peut tenter une explication au sujet de cette limite maxima de progression. La vie de tribu comporte avec elle l'égalité de tous ses membres, l'absence de castes sacerdotales et guerrières et l'absence de propriété territoriale; ce régime social rendait presque impossible l'enrichissement individuel, d'autant que les déplacements fréquents ne permettaient pas de conserver un nombre de bien supérieur aux nécessités de l'existence; aussi la richesse individuelle en chameaux et en moutons ne devait pas généralement dépasser certaines limites. On comprend alors que la progression dans l'établissement de la dîme devait s'arrêter à un chiffre déterminé (1).

SECTION II

De l'affectation des impôts coraniques

L'emploi des sommes perçues comme zekkat n'est pas laissé à l'arbitraire de l'Iman : la loi en détermine rigoureusement l'affectation.

Cet argent est réparti de la manière suivante : deux neuvièmes aux indigents ; un neuvième aux personnes dans un état de gêne momentané ; un neuvième aux collecteurs ; un neuvième aux débiteurs honnêtes incapables de faire honneur à leurs engagements ; un neuvième doit être employé au rachat des esclaves infirmes ; un neuvième à la guerre sainte ; un neuvième

1. M. Colosio, le *Tunisien* du 24 février 1910.

pour le rapatriement des étrangers et enfin un neuvième pour payer les services rendus aux musulmans par les infidèles.

Les indigents, ainsi qu'on le voit, par ces détails, ne reçoivent qu'une partie du zekkat mais la majeure partie en est bien affectée à des œuvres charitables recommandées d'une façon particulière par le prophète.

SECTION III

Des modifications des impôts religieux : De l'institution du kharadj et de la djezia.

Le zekkat est le seul impôt musulman vraiment orthodoxe. Mais avec le temps, il a perdu un peu de son caractère charitable pour n'être plus qu'un simple impôt ordinaire, et dans certain pays même, il a été remplacé par une autre forme d'impôt.

L'aumône volontaire « çadqa » est, au contraire, restée partout de plus en plus florissante et il convient d'ajouter qu'elle se fait toujours avec la plus grande discrétion.

Dès les premiers temps de l'Islam et lors des premières conquêtes, d'autres ressources ne tardèrent pas à s'ajouter à l'aumône légale. Ce fut d'abord le butin, dont un cinquième était prélevé pour le bit-el mal, puis le kharadj. C'est l'impôt qui est perçu sur la terre des vaincus dont on a annexé le pays et moyennant laquelle ils continuent à avoir la jouissance du sol. Une fois assujettie au paiement du kharadj, la terre ne peut plus en être affranchie.

La quotité de l'impôt du kharadj varie suivant les régions, et selon que les terres conquises ont cédé à la force, ou se sont soumises volontairement.

On discerne généralement trois catégories de kharadj (1) :

1° Le kharadj « misçar » établi à proportion de la superficie de terre, indépendamment du rendement du sol. Il est usité principalement en Syrie et en Egypte.

2° Le kharadj « moukassama » mesuré à l'importance des produits; et qui n'existe que sur les terres des pays alliés, c'est-à-dire tributaires de l'Islam.

3° Le kharadj « moukatoa » ou « ouazifi » imposé généralement aux pays alliés, réserve faite du cas où ces pays paient le kharadj « moukassama » et qui n'est qu'un tribut annuel et fixe.

Nous rapprocherons du kharadj, pour l'en distinguer, la « djezia » appelée aussi kharadj des têtes, qui est seulement un impôt de capitation, représentant le prix de la liberté laissée aux vaincus après la vic-

1. Morand. Cours de Droit musulman professé à la Faculté de Droit d'Alger.

toire. Aussi, la djezia n'est-elle pas due par les femmes, les enfants, les vieillards, qu'il est absolument interdit de tuer, ni par les indigents incapables de travailler.

Mais, il faut se rappeler que le terme de kharadj ne convient, en principe, qu'à l'impôt foncier de ce nom.

La quotité du kharadj, tant pour son minimun que pour le maximum est laissée à « l'idjtihad » (interprétation) de l'Iman, seul chef de la communauté musulmane.

SECTION IV

Du Bit-el-Mal (Trésor public)

Le zekkat aussi bien que le kharadj et la djezia sont versés dans le Bit-el-Mal, qui se divise en deux Trésors bien distincts :

1° Le Trésor musulman où est déposé le produit du zekkat et de l'achour. Ce Trésor servait à entretenir les membres de la famille du Prophète et surtout les musulmans pauvres. C'était donc un trésor de secours au profit des nécessiteux.

2° Le Trésor kharadj où étaient versés tous les revenus provenant des impôts kharadj des trois sortes pour servir aux besoins du Souverain, de l'Administration, de l'état et à la défense du territoire musulman.

Le premier de ces trésors étant donc pour ainsi dire, un trésor privilégié, un dépôt sacré, il ne pouvait être en déficit, et si les faveurs accordées par le Sultan venaient à causer ce déficit, le second Trésor était tenu de le combler en s'imposant un sacrifice.

L'administration du Bit-el-Mal, appartient de droit au kalife, c'est-à-dire au Sultan : il doit disposer des biens de la communauté musulmane de la même façon qu'un tuteur vis-à-vis des biens de ses pupilles.

SECTION V

De l'organisation financière à l'époque des califes

Au sujet de la création de l'organisation financière proprement dite, nous n'avons pas mieux à faire que de reproduire, *in-extenso,* ce qu'en dit l'illustre historien arabe Ibn Khaldoun dans ses *Prolégomènes*(1).

« Le premier qui introduisit l'administration financière dans l'Empire musulman fut le calife Omar et cela, dit-on, pour la raison qu'Abou Horeïra avait apporté de Bahreïn une somme d'argent tellement

1. Ibn Khaldoun. *Prolégomènes*. Traduction De Slane, t. II, p. 29.

forte que l'on ne savait pas comment s'y prendre pour en faire le partage entre les musulmans. Cela fit souhaiter un moyen de tenir compte de ces sommes, d'enregistrer les paiements de la solde et de sauvegarder les droits de l'État. Le calife Ibn El Oualid recommanda l'établissement d'un divvan tel qu'il avait vu fonctionner chez les princes de la Syrie et Omar agréa ce Conseil. »

« Il donna l'ordre à Akil, fils d'Abou Taleb, à Makhrema fils de Noufil, et à Djoheïr Ibn Motaen d'en enregistrer un. Ces trois hommes qui étaient du petit nombre des Quoraïchides sachant écrire dressèrent le divvan, la liste de toutes les troupes musulmanes par ordre de familles et de tribus. Ils commencèrent par les parents du Prophète, ensuite, ils passèrent aux parents de ceux-ci, et ainsi de suite. Telle fut l'origine du divvan (1) de l'année. Ezzohri rapporte, sur l'autorité de Saïd Ibn El Mazeïyb, que cela eut lieu dans le mois de moharrem de l'an 20 de l'hégire (décembre-janvier 643-644 de J.-C.). »

« Quant au bureau (divvan) de la constitution foncière et des impôts, il reste, après la promulgation de l'Islamisme, tel qu'il était auparavant. Dans les bureaux de l'Iran, on employait la langue persane et dans ceux de la Syrie la langue grecque (roumiya) ;

1. C'est de ce mot divvan que vient en droite ligne le mot français de douane.

les écrivains étaient des sujets tributaires, appartenant à l'une ou à l'autre de ces nations. Lors de l'avénement d'Abdel Malek Ibn Mérouan, le Khalifat était devenu un empire, et le peuple avait renoncé aux usages grossiers de la vie nomade pour s'entourer de tout l'éclat de la civilisation, qui se développe dans la vie sédentaire ; les Arabes, sortis de leur ignorance primitive, s'étaient exercés dans l'art de l'écriture, de sorte que, parmi eux et parmi leurs affranchis, il se trouva de bons calligraphes et des calculateurs habiles. Pour cette raison, le calife Ab del-Malek donna à Soleïm Ibn Saâd, gouverneur de la province du Jourdain, l'ordre de faire traduire du grec en arabe le divvan de la Syrie. Cette tâche fut terminée dans l'espace d'un an. »

« Sous les Abassides, le divvan fut rangé parmi les institutions soumises à la surveillance (du vizir) ; aussi les Bormekides, les fils de Sahel Ibn Noubakht et les autres vizirs de cette dynastie le comptaient au nombre de leurs attributions.

« Quant aux règlements qui concernent le divvan et qui sont fondés sur la loi divine : ceux qui se rapportent à la solde de l'armée, aux recettes et dépenses du Trésor public, à la distinction qu'il faut faire entre les pays soumis par capitulation (çolha) ou de vive force (ânoua), à la personne qui peut légalement nommer le directeur de ce divvan, aux qualités requises dans le directeur et dans les commis, et aux principes qu'il faut observer dans l'établissement des comptes, tout cela est en dehors de notre sujet, et fait partie des matières que les livres intitulés *El Ahkam Es-Soltaniya* doivent traiter, et, en effet, cela se trouve rapporté dans ces ouvrages (1). »

SECTION VI

Des tentatives de réformes

Dès que les bases de l'Empire arabe furent consolidées et le pays pacifié, différents souverains musulmans furent embarrassés de concilier les besoins essentiels de l'État avec les maigres revenus des impôts coraniques.

A ce sujet, nous affirmons à nouveau que le défaut d'une solide organisation des finances a été une des principales causes de la ruine de l'Empire musulman. En effet, toutes les tentatives faites par certains sultans pour réformer les impôts religieux ont échoué.

C'est ainsi, que vers la fin du IIe siècle de l'hégire Aboul Abbas Abdellah ben Ibrahim El Aghlebi, essaya d'introduire dans la perception de l'impôt religieux une modification semblable à celle qui, onze cents ans plus tard, devait figurer dans le fameux « Tertib » de 1321 (1903, J.-C.).

1. Ibn Khaldoun. *Prolégomènes*, t. II, p. 20 et 1. Traduction De Slane.

Voulant donner une stabilité aux recettes de l'État, il exigea des contribuables de ne plus verser la dîme en nature. Il leur imposa un droit annuel de huit dinars par paire de bœufs employée à la culture des terres, que les cultures fussent bonnes ou mauvaises.

La réprobation générale que souleva cette mesure ne permit pas de la mettre en pratique.

Dès le troisième siècle de l'hégire, on commence à sentir une réaction contre les impôts autres que les impôts religieux. Certains souverains les suppriment pour satisfaire aux observations des Oulema et pour établir leur popularité au moment de leur avènement. On les rétablit quand les besoins d'argent se font sentir (1).

En 224 de l'hégire (840 J.-C.) Abou Elicol El Aghleb, susnommé Khazen « abolit les taxes nouvelles *El Ahdath* (innovations) imaginées par les administrateurs des provinces auxquels il assigna un salaire convenable ainsi que de fortes gratifications, les empêchant ainsi de porter la main sur le bien d'autrui et d'agir comme ils avaient coutume de le faire précédemment » (2).

En résumé, aucune des tentatives faites par divers sultans pour réformer les impôts religieux n'a abouti

1. M. Michaux Bellaire : *Archives marocaines*, t. XI, p. 180.

2. En-Noueri, appendice XII de *l'Histoire des Berbères*, d'*Ibn Khaldoun*, t. 1 p. 414, trad. de Slane.

et jusqu'au déclin de l'Empire arabe, seuls étaient perçus à peu près régulièrement le zekkat, l'achour, le kharadj et la djezia.

Ceci dit, occupons-nous maintenant de ce qui reste des impôts que nous venons de voir dans l'Empire marocain et de ceux établis par la suite par différents sultans de ce pays.

DEUXIÈME PARTIE

Dans cette deuxième partie, nous avons à étudier l'histoire des impôts dans l'Empire marocain. Nous examinerons ensuite les impôts existant actuellement : Impôts d'obligation religieuse ; impôts administratifs ou indirects et impôts de souveraineté. Enfin nous parlerons en dernier lieu du budget marocain.

Avant d'aborder l'étude de notre premier chapitre, il est bon de rappeler que l'établissement des impôts et leur recouvrement régulier ne peuvent se concevoir que dans un État réellement organisé. Or, nous avons dit plus haut que le Maroc a perdu toute forme d'un pays constitué. Il n'est plus, selon l'élégante formule de M. Michaux-Bellaire, qu'une fiction diplomatique, dont la diplomatie, qui l'avait inventé, avait fini par être elle-même dupe. Mais ce sont les réalités et non les fictions qui peuvent nous intéresser.

Nous avons dit, d'autre part, dans notre introduction, que dans l'Empire marocain, il faut toujours distinguer le « Blad-Essiba » (pays indépendant) et le

« Blad-El-Makhzen » (pays soumis). Dans le premier territoire, nous répétons que la population n'a rien de commun avec l'autorité centrale. Elle jouit d'une plénitude de liberté. Certes, elle reconnait bien pour la forme, la souveraineté du Sultan en tant que Pontife. Et, à ce titre elle lui envoie, quand bon lui semblera, des cadeaux (Hadiya) par l'intermédiaire de ses caïds qui doivent se transporter, à cet effet, à Fez. Mais, cette population n'est tenue, en fait, à aucune contribution régulière. Si bien que les tribus du « Blad-Essiba » sont les plus heureuses de tout le territoire du Maroc.

Quand un Sultan décide de leur arracher certains impôts, il est presque obligé de faire contre elles une véritable expédition qui lui coûte souvent autant sinon plus que ce qu'il peut en tirer.

Le Sultan Moulay Elhassen a usé beaucoup des expéditions contre les tribus rebelles et est arrivé, il est vrai, à un bon résultat grâce à son énergie et à son intelligente initiative. Sous son règne en effet, « le Blad-El-Makhzen » prit une grande extension. Malheureusement, son fils Abdel-Aziz qui n'a fait que s'amuser pendant toute sa vie, a perdu, en peu de temps, tout le fruit des victoires de son père. Son autorité en dernier lieu se faisait à peine sentir dans la région de Fez et de quelques villes du littoral.

L'organisation des impôts dont nous allons nous occuper est donc particulière au Blad-El-Makhzen (pays soumis).

Mais, d'ores et déjà, il faut bien partir de ce principe que l'organisation financière du Maroc n'est pas constituée dans l'intérêt du pays. Elle ne semble, au contraire, avoir sa raison d'être que pour le profit du Makhzen qui entretient sciemment parmi le peuple l'anarchie dont dépend son existence.

D'autre part, les contributions prélevées, dans le Blad-El-Makhzen, selon le bon plaisir des caïds commencent d'abord par disparaître, en grande partie, dans les poches de ces fonctionnaires, et ensuite dans celles de leurs satellites. Le restant seulement est expédié au souverain. Il va grossir l'inutile trésor des caisses impériales de Fez.

Le monarque thésaurise se gardant bien de dépenser un liard pour la protection et le développement des divers intérêts du pays. Armée, marine, routes, instruction publique, justice, sécurité, industrie, commerce, tous les besoins collectifs auxquels l'initiative privée ne peut satisfaire, tous les grands problèmes que la science cherche à résoudre dans le monde civilisé, tout cela est ignoré de la Cour chérifienne. Dans le Makhzen, chacun ne se préoccupe que de sa personne et ne se soucie guère des intérêts supérieurs du pays. La notion même de la Patrie y est inconnue. C'est ce qui fait d'ailleurs la faiblesse et la ruine de ce malheureux peuple. Ces explications données, revenons au plan que nous avons tracé.

CHAPITRE PREMIER

De l'histoire des impôts marocains.

I

SOUS LES PREMIÈRES DYNASTIES

Les seuls impôts réguliers admis par la loi musulmane, avons-nous dit plus haut, consistent dans l'aumône légale : zekkat et achour. Nous rappelons que le zekkat est prélevé sur les troupeaux et sur l'argent monnayé ; il correspond à peu près à un impôt de 3 1/2 % sur le capital. Par une anomalie singulière, cet impôt ne s'applique pas aux immeubles, qui représentent cependant un capital.

L'achour se compose du dixième des récoltes et peut s'assimiler à un impôt de 10 % sur le revenu.

Dès les premiers temps de l'Islam, d'autres ressources ne tardèrent pas à s'ajouter à l'aumône légale. Ce furent la djezia et le kharadj. Mais la création d'impôts nouveaux fut toujours mal vue malgré les besoins de l'Empire qui se formait au fur et à mesure des conquêtes. Dans ses *Prolégomènes* (1) Ibn

1. Ibn Khaldoun. *Prolégomènes*, t. I. p. 297. Trad. de Slane.

Khaldoun intitule un chapitre: Une tribu s'avilit qui consent à payer des impôts et des contributions.

Une tribu, dit-il, ne consent jamais à payer des impôts tant qu'elle ne se résigne pas aux humiliations. Les impôts et les contributions sont un fardeau déshonorant, qui répugne aux esprits fiers. Tout peuple qui aime mieux payer ces tributs que d'affranchir la mort a beaucoup perdu de cet esprit de corps qui porte à combattre ses ennemis et à faire valoir ses droits, etc.

Et plus loin nous lisons dans le Sahih que le Prophète s'écria : « Dieu nous préserve des impôts». On lui demanda pourquoi il faisait cette prière, et il répondit : « L'homme qui paie un impôt parle et dit des mensonges ; il promet pour ne pas tenir ». Il s'agit bien entendu des impôts qui ne sont pas conformes aux prescriptions religieuses ; le texte dit : L'homme qui paie une nouveauté, c'est-à-dire un impôt de création nouvelle...

Le seul renseignement relatif aux impôts que l'on trouve sous le règne des Idrissides, est l'établissement de la djezia sur les Juifs qui se réfugièrent à Fez à la fin du IIe siècle de l'hégire. Idris ben Idris les autorisa à s'établir depuis Agklen jusqu'à la porte Hisn Sodoun moyennant un tribut annuel (djezia) de 30.000 dinars (1) (environ 300.000 francs).

1. Routh El Kartas, traduc. Beaumier, p. 55.

A la fin de la dynastie des Zenata, vers 440 de l'hégire, les populations fatiguées des abus de toutes sortes dont elles étaient victimes, cessèrent de payer l'impôt.

La dynastie Amoravide représente pendant toute sa durée, de 462 à 540, un retour aux pres‑‑ptions religieuses les plus pures, en matière de prescription d'impôt.

Abdellah Ibn Yasyn, après avoir contraint les tributs lemtouniennes, guedoliennes et messoufites à embrasser la vraie religion, autorisa ses disciples à prélever la dîme sur les biens des musulmans.

Sous le nom d'Almoravides (El-Morabetin), il les plaça sous les ordres de l'émir Yahya Ibn Omar, qui était le chef de guerre, le général des troupes. Knimine, le cheikh Abdellah ben Yasyn restait le chef de la religion, de la loi et le percepteur de l'aumône et de la dîme.

Les « Mekous », dont l'application a donné lieu à tant de controverse pour finir cependant par entrer dans les mœurs, étaient en usage avant le règne des Almoravides, c'est-à-dire au ve siècle de l'hégire. Le terme de « Meks» comprend tous les impôts relatifs aux transactions commerciales, droits de marché, droits de régie, droits des portes.

Les Meghrem ou Ghrama sont plus particulièrement les impôts arbitraires et extraordinaires. Ils frappent les tribus responsables collectivement. Mais ils sont en contradiction avec toute idée de justice.

Pendant tout son règne, de 453 à 500 de l'hégire, l'émir almoravide Youcef ben Techfin s'appliqua à prélever que les charges religieuses et sa vie durant on ne paya d'autres impôts, droits ou tributs, dans les villes et les campagnes, que ceux ordonnés par Dieu et prescrits par le Coran et la « Souna », c'est-à-dire, le zekkat et l'achour, la djezia (droit de capitation) sur les non musulmans et le cinquième du butin fait en guerre.

En résumé, pendant la dynastie des Almoravides, c'est-à-dire de 462 à 540 de l'hégire, le gouvernement ne perçoit d'autres impôts que ceux autorisés par la loi religieuse : zekkat et achour.

Dès les premiers temps des Almoravides, au commencement du siècle de l'hégire, leur fondateur Mohammed Ibn Toumert, qui s'était fait passer pour le Mahdi, annoncé par le Prophète, et qui était connu sous ce nom, afin de se procurer des ressources, s'empara de la ville de Tiumelet et partagea le butin avec ses compagnons.

C'est sous la dynastie almohade que l'impôt se trouva pour la première fois établi sur des bases administratives par Abdel Moumen ben Ali, successeur de El Mehdy (524-558 de l'hégire) (1). Après avoir terminé ses conquêtes, il ordonna d'arpenter

1. Michaux-Bellaire, *Archives marocaines*, V. XI, p. 184.

toutes ses possessions de l'Ifriqya et du Maghreb, qui furent mesurées depuis Barka jusqu'à l'Oued Noun dans le Sous El Aqça. Les territoires ainsi arpentés furent ensuite fractionnés pour la répartition de l'impôt, qui devait être payé soit en nature, soit en argent. Il ne s'agissait pas de l'aumône religieuse, zekkat et achour mais du kharadj, c'est-à-dire de l'impôt à payer par les populations conquises, pour conserver la jouissance de leur terre. En effet, Abdel Moumen ben Ali se basait pour faire cet impôt : sur ce principe que le Maghreb était une terre conquise par les armes, c'est donc bien du kharadj qu'il est question.

Voici le passage relatif à cette organisation d'une lettre du sultan Abou Moali Zidan ben Mançour Essaadi au Cheikh Abou Zakarya Yahya ben Abdellah ben Saïd ben Abdel Mouniera Elhadi citée par El Oufrani dans le Nozhet Elhadi :

« Le premier souverain qui établit l'impôt dans cette contrée, Abdel Moumen ben Ali, le fit porter sur les terres, se fondant sur ce principe que le Maghreb était une terre conquise par les armes. Cette doctrine a été acceptée par certains docteurs, mais d'autres prétendent que les plaines seules sont des terres conquises par les armes, tandis que les montagnes sont des terres de capitulation.

« Si l'on admet cette dernière distinction, en tenant compte de ce que, comme vous le savez, les populations qui détenaient les terres au moment de la conquête ont entièrement disparu, toutes les plaines, sans exception, appartiennent, par voie d'héritage, au domaine public, et il est clair, dès lors, que l'impôt peut les frapper au gré du propriétaire du sol, qui est le Sultan.

« Pour les pays de montagnes, il y aurait eu lieu de distinguer les parties qui avait été l'objet d'une capitulation, mais comme il n'existait aucun moyen d'obtenir une certitude à cet égard, il y a donc eu nécessité de recourir à l'interprétation juridique (1). »

Cette lettre est très intéressante en ce qu'elle établit deux points importants. Il en résulte, que la différence établie dans Sidi Khalil, au chapitre de la guerre sainte (bab el Djihad), entre les territoires conquis par la force (El Blad El Anoua) et ceux qui ont obtenu une capitulation (El Blad Çolha), continue à exister, même après que les propriétaires de ces territoires se sont convertis ou ont été convertis à l'Islam, puis ces deux genres de territoires ne doivent pas être traités de la même façon, au point de vue de l'impôt de kharadj.

Abdel Moumen ben Ali, l'Almohade, s'appuie sur la loi religieuse qui attribue au bit-el-mal des musulmans le cinquième du butin, pour prélever sur les territoires conquis par la force, et comme tels assi-

1. *Nozhet Elhadi*, trad. Houdas., p. 71.

milés à un butin fait sur l'ennemi, un impôt annuel. Ce système financier basé sur une interprétation plutôt exagérée du principe religieux, vient à l'appui de l'idée que le Makhzen a toujours traité le Maroc en pays conquis, et que le régime de la conquête a persisté jusqu'à nos jours (1).

Les terres conquises doivent de tout temps payer le kharadj ; mais, ajoute le sultan Zidan ben Mançour : « Les populations qui détenaient ces terres au moment de la conquête, ayant complètement disparu, toutes les plaines, sans exception, appartiennent par héritage au domaine public et il est clair dès lors que l'impôt peut le frapper au gré du propriétaire du sol qui est le sultan. » Le souverain hérite de ces biens d'après la loi qui fait hériter le bit-el-mal des successions vacantes. Malgré les efforts des Almohades pour mettre de l'ordre dans l'administration des finances, la désorganisation du pays, les guerres continuelles, rendaient inévitables les abus des fonctionnaires chargés de cette administration.

A la mort d'El Mostansir Billah, en 620, son successeur Abou Mohammed Abd El-Ouahed El Makhlane commença son règne en faisant *rendre gorge* au ministre des Finances de son prédécesseur, Abou Ali Ibn Achiefti (2).

Ce système du gouvernement marocain de se pro-

1. Michaux Bellaire. *Archives marocaines*, V. XI, p. 185.

2. Ibn Khaldoun. *Histoire des Berbères*, t. II, p. 229, trad. de Slane.

curer de l'argent en dépouillant les fonctionnaires prévaricateurs est encore en usage aujourd'hui ; s'il n'est plus usité de la part du sultan vis-à-vis de ses ministres qui, plus que jamais, cependant, s'enrichissent des deniers publics, il est constant de la part des ministres vis-à-vis des gouverneurs, et de la part des gouverneurs vis-à-vis des fonctionnaires subalternes(1).

Après la chute de leur empire, les Almohades, écrasés par la domination des Zenata (Mérinides) se résignèrent à payer tribut au vainqueur et furent à leur tour inscrits au nombre des populations soumises à l'impôt (2).

Les membres s'occupèrent beaucoup de la diffusion de l'instruction dans le pays. Il firent construire à cet effet de nombreuses Médersas (collèges) qui recevaient un grand nombre d'étudiants boursiers des biens habous (3). Ils s'intéressèrent aussi à la santé publique et firent édifier des hôpitaux assez confortables. Les droits de marché (meks) supprimés par l'émir Abou Yacoub Youcef, en 685, avaient été rétablis dans la suite ; en effet, lors de sa proclamation en 710, le sultan Abou Saïd Othman ben Abou Yacoub a supprimé de nouveau ces droits et d'autres impôts oppressifs entre autres l'impôt sur les

1. Michaux Bellaire, tr. N. V. XI, p. 187.

2. Ibn Khaldoun, *Histoire des Berbères*, t. II, p. 259.

3. Roudh El-Kartas, traduction Beaum ier, p. 425.

maisons, taxe qui pesait lourdement sur les habitants de Fez.

L'impôt sur les immeubles existait donc au Maroc plus de six cents ans avant l'acte général de la Conférence internationale d'Algésiras, qui, dans l'article 61, admet en principe qu'une taxe pourra être établie sur les constructions urbaines. Quoiqu'on ne retrouve pas trace au Maroc d'un semblable impôt depuis sa suppression par Othman El Merini, en 710, de l'hégire, l'établissement ou plutôt le rétablissement de cette taxe ne devrait donc pas être considéré comme une innovation due à l'introduction des coutumes européennes dans les finances du Maroc (1).

II

SOUS LA DYNASTIE SAADIENNE

C'est de la dynastie saadienne que date l'établissement de l'impôt de Naïba qui est généralement, à tort, attribué à Moulay Ismaël El Filali La Naïba fut définitivement établie dans tout l'Empire par le sultan Mohammed Echikh, proclamé en 951 de l'hégire (1544-1545 J.-C.) ; mais le principe de cet impôt était dû, dit-on, à son père, fondateur de la dynastie saadienne, Abou Abdellah El Quaïm ben Amr Allah et voici ce que rapporte la légende à ce sujet :

1. Mihaux-Bellaire, *Archives marocaines*, V. XX, p. 294.

« Après avoir été proclamé souverain dans la province de Sous, Abou Abdellah El Quaïm, considérant sa situation précaire et la modicité de ses ressources pour conserver la royauté qui ne saurait se maintenir sans argent, ordonna aux habitants du Sous de donner un œuf par chaque feu. On réunit ainsi une quantité innombrable de milliers d'œufs, tous les gens avaient trouvé cette imposition légère. Mais quand le prince eut reçu ces œufs, il donna l'ordre à tous ceux qui avaient fourni un œuf d'apporter un dirhem (oukia, once, la dixième partie d'un mitqual). Il rassembla ainsi une somme considérable avec laquelle il put améliorer sa situation et accroître ses forces militaires. Cette contribution fut la première naïba imposée par le Gouvernement des Chérifs (1). »

L'impôt de naïba remplaça progressivement celui du kharadj établi au Maroc par Abdel Moumen ben Ali, comme on l'a vu plus haut. Il fut très modéré au début de son établissement mais il devint par la suite très lourd.

En même temps que la naïba, fut créée la mouna, fourniture de vivres, aux armées du Sultan, aux fonctionnaires du Makhzen, de passage dans les tribus. Cette mouna avait été fixée par le Sultan Abou Merouan Abdel Malek El Ghazi dans une lettre qu'il écrivait à son frère pour faire préparer la mouna de ses troupes :

1. Nozhet El Hadi, traduc. Houdas, p. 75.

« Aussitôt que vous recevrez ces lignes, vous expédierez des gens à vous dans les districts de Meknès, d'Azemmour, et chez les Ouled Djelloul, afin d'établir les réquisitions en vivres et en fourrage destinées à notre glorieuse armée et leur ferez donner l'ordre de porter le tout dans la ville de Salé.

« Le taux de la réquisition sera d'une *sahfa* (la sahfa vaut 60 moudds) d'orge et de 20 moudds de blé par chaque naïba, d'un sâ de beurre et d'un mouton par chaque quatre naïba, etc. »

Comme toujours le Makhzen n'a donc qu'une préoccupation, celle de se procurer des ressources uniquement pour lui ou ses insatiables fonctionnaires.

III

SOUS LA DYNASTIE DES FILALA

Sous cette dynastie les ressources du pays ont beaucoup diminué et les besoins en ont augmenté dans de grandes proportions.

A l'avènement de Sidi Mohammed ben Abdellah, la question des droits de marchés (meks) et d'autres impôts fut soulevée de nouveau.

En Naciri dans le Kitab El Istikça consacre à cette question un chapitre entier, qui constitue une véritable consultation sur ce sujet ; la voici :

« Lors du séjour que le sultan Sidi Mohammed ben Abdellah fit dans la capitale de Fez, après son avènement, les habitants de cette ville lui présentèrent leurs doléances au sujet des taxes qu'ils payaient à son père Moulay Abdellah et qui frappaient les balances, comme celles de Sidi Fredj, du marché au beurre fondu, du marché aux huiles, etc. Ces taxes formaient un total de 300 mitqals par mois, soit 3.600 mitqals par an. Lorsque les jurisconsultes de Fez se rendirent auprès de lui, le Sultan les entretint de ces taxes et de son désir de baser sur leur *fetoua* la décision qu'il prendrait à ce sujet. Ceux-ci déclarèrent que si le sultan n'avait pas d'argent, il avait le droit de percevoir sur ses sujets les sommes nécessaires pour payer la solde de l'année. Le sultan les ayant priés de lui donner cette réponse par écrit, ils établirent un rapport qui servit de base au sultan pour taxer les portes, les produits de la terre et les marchandises. Le très docte professeur Ettaoudi ben Soûda, le très docte cheikh Abou Abdellah Mohammed ben Qasem Guessans, le maître Abou Hafs Omar El Fasi, le fqih, le jurisconsulte Abou Zeïd Abderrahman Elmendjra, le jurisconsulte Abou Abdellah Mohammed ben Abdessadeq et le jurisconsulte el qadi Abou Mohammed Abdelkader Bou Kheris furent parmi ceux qui rédigèrent ce rapport.

« Le meks a toujours été une source de calamité dans tous les pays, sous toutes les dynasties et depuis les temps les plus reculés. Il n'est donc pas sans intérêt de rapporter ce que les savants ont écrit à ce sujet. Voici quelle est en cette matière l'opinion de l'Iman, argument de l'Islam, Abou Hamet El Ghazzali (Dieu soit satisfait de lui) dans son livre intitulé Chifa Elghalil :

« La thèse que l'on soutiendra peut-être est la suivante : l'imposition du kharadj et la taxation des immeubles sont une nécessité évidente. Sans elles les gouvernements n'ont pas de quoi subvenir à l'entretien de l'armée et ne peuvent ni profiter de son assistance, ni établir la puissance de l'Islam. Aussi le kharadj a-t-il existé à toutes les époques, et les souverains, quels que fussent leur politique et leur caractère, l'ont tous imposé et n'ont pas pu y échapper. C'est que les intérêts spirituels et matériels ne peuvent être défendus avec fruit par un prince obéi, un gouvernement respecté, qui réunit les éléments épars de la foi, qui assure l'autorité de la religion et de la pureté de l'Islam, qui défend le bien des musulmans et veille à leur prospérité. Il n'arrive à ce résultat que par l'énergie, l'autorité et l'armée. Celle-ci lui sert à combattre les infidèles, à défendre les places frontières, à contenir les empires révoltés et à les empêcher de porter atteinte aux richesses, aux choses sacrées et aux épouses. Elle est la gardienne de la religion, elle préserve ses colonnes de la ruine et l'empêche de se dissoudre sous l'effet de l'invasion des infidèles dans les pays musulmans. Elle protège le pouvoir temporel contre le désordre qui naît de la révolte et du pillage suscités par les mauvais sujets. Or, l'on sait quelles dépenses considérables entraînent la nourriture des soldats, leur entretien et celui de leurs familles. Ceux-ci ont droit au dixième du butin et du tribut, mais cela ne suffit pas le plus souvent à couvrir leurs dépenses et à subvenir à tous leurs besoins. On ne saurait y faire face qu'en taxant les riches. Donc, si vous voulez faire face aux nécessités, vous devez admettre que cet impôt est permis dès que la nécessité se manifeste.

« Voici notre réponse à cette thèse : l'impôt dont il s'agit est légitime quand il est réclamé par la nécessité. Or, en quoi consiste cette nécessité ?

« Nous disons, en premier lieu, qu'à l'époque actuelle, le caractère de l'imposition et son application en font une pure injustice que rien ne légitime. En effet, si toute leur solde était versée à la plupart des soldats et si elle était répartie également entre tous, elle leur suffirait pendant un certain temps. Mais combien en a-t-on vu qui ont pris des habitudes de bien-être et de fainéantise, et qui gaspillent leur superflu pour s'élever par la popularité et le luxe au-dessus des Chrosroès. Dans ces conditions, comment évaluer leurs besoins pour calculer la quotité du kharadj qui doit les entretenir et les soutenir, puisque tous les riches eux-mêmes sont pauvres par rapport à eux ? Mais si nous envisageons l'hypothèse d'un prince obéi, qui aurait besoin d'augmenter le nombre de ses troupes pour fortifier les places frontières et protéger un royaume agrandi et étendu, mais dont le trésor serait vide, et dont les troupes n'auraient ni ce qui leur serait suffisant ni même ce qui leur serait indispensable, nous pensons que ce prince devrait imposer aux riches ce qu'il jugerait insuffisant temporairement, en attendant que l'argent revienne au trésor. Ensuite, ils apprécierait l'opportunité de faire rendre cet impôt aux produits de la terre et aux denrées, de façon que le fait de rejeter les charges sur une minorité ne provoquât pas de mécontentement ni de récriminations. De cette façon, le peu deviendrait du superflu, aucun dommage ne serait causé et le résultat proposé serait atteint. »

Le cadi Abou Omar ben Mançour indique, dans une réponse, que dans l'établissement du kharadj, dans son application aux denrées, il faut observer certaines conditions :

« 1° Il faut que le Trésor public soit vide et qu'il soit nécessaire d'assurer cette dépense, il n'est pas légal d'imposer quoi que ce soit aux sujets. Le Prophète, que Dieu prie sur lui et lui donne le salut ! a dit : « Celui qui aura établi le meks n'entrera pas au paradis, car il aura fait payer de l'argent injustement. »

« 2° Le prince doit employer les fonds d'une façon

injuste : il lui est interdit de les dépenser pour d'autres que pour les musulmans, de les gaspiller, de les donner à ceux qui n'y ont pas droit, ou de donner à quelqu'un plus que sa part ;

« 3° Il doit baser l'emploi de ces fonds sur l'utilité et les besoins et non sur l'arbitraire ou sur l'intérêt (cette troisième condition rentre dans la seconde) ;

« 4° La taxe doit être imposée à ceux qui sont à même de la payer sans en souffrir ; ceux qui ne possèdent rien, ou n'ont que de faibles ressources, doivent en être exempts ;

« 5° L'Iman doit exercer une vigilance constante, car le moment peut arriver où il n'est pas nécessaire de ne rien ajouter aux revenus habituels du Trésor.

« De même si le public réclame l'assistance corporelle, et que les ressources pécuniaires soient insuffisantes, les gens seront contraints de la fournir personnellement en vue de l'objet qui la rend nécessaire, mais à condition que leurs forces le leur permettent, que le bien public la réclame et que ce soit une nécessité Dieu sait quelle est la vérité (1). »

Le Sultan Moulay Sliman, en montant sur le trône (1206 H) abolit les meks c'est-à-dire les droits des portes, les droits de marchés, les droits sur les peaux et le tabac. Sous le règne de Sidi Mohammed ben Abdellah, les meks n'étaient pas perçus par

1. Kitab El Istiqça, trad. Fumey, t. I, p. 275 et suiv.

les agents du Makhzen, mais vendus à des particuliers, sous la responsabilité des gouverneurs des villes et des tribus (1). Cette garantie exigée des gouverneurs avait pour but, d'une part, d'empêcher leur complicité avec les acheteurs des meks pour fonder ou frustrer le Trésor, d'autre part, d'obliger ces gouverneurs à veiller à ce que les fermiers des meks offrent les garanties nécessaires, et enfin de leur donner, le cas échéant, les moyens de coercition nécessaires pour obliger les fermiers à payer.

Au commencement de son règne, Moulay Abderrahman ne rétablit pas cet impôt, mais la pénurie d'argent où se trouvait le trésor après les événements d'Algérie et la bataille d'Isly, l'obligèrent à y avoir recours, et les meks furent rétablis en 1266 de l'hégire (1850 de J.-C.).

D'après le El Istiqça kitab, ce Sultan commença à percevoir le droit sur les peaux.

C'est également sous le règne de Moulay Abderrahman après la bataille d'Isly, que fut établi l'impôt perçu uniquement à Fez, sous le nom de achour El Fondaq En Nedjarin du nom de l'endroit où siègent les Oumanas chargés de prélever cet impôt.

En 1877, après la guerre de Tétouan, le sultan Sidi Mohammed rétablit l'impôt du droit des portes, que les chrétiens seuls ne devaient pas payer.

1. Kitab El Istiqça, trad. Fumey, t. II, p. 97.

A l'avènement du sultan Moulay El Hassan, en 1290, de grandes difficultés se produisirent à Fez à propos des meks. Les faits sont relatés en entier dans le kitab El Istiqça, (traduction Fumey, page 279, tome II).

En 1296 Moulay El Hassan nomma Amin el Oumana Si Mohammed El Hadj Mohammed El Tazi et lui confia l'administration de tous les revenus du Maghreb, impôts, ports, « moustofad », ainsi que des dépenses qui en découlent (1). L'organisation financière du Maroc était donc complètement centralisée.

Pendant toutes les dynasties que nous venons de voir, le Makhzen ne s'est occupé qu'à chercher par tous les moyens, les ressources nécessaires pour satisfaire ses besoins du moment. Il ne s'est nullement soucié de créer une organisation solide susceptible d'établir l'ordre et le progrès dans le pays.

1. Kitab El Istiqça, trad. Fumey, t. II, p. 322.

CHAPITRE II

Des impôts d'obligation religieuse

Ces impôts d'obligation religieuse sont ceux institués par le Coran. Nous les avons étudiés en détails dans la première partie de notre travail.

Nous rappelons, à nouveau, que ces impôts religieux sont : le zekkat qui est un droit sur le capital, d'environ 2,5 % que tout musulman doit payer chaque année, et l'achour, qui est un droit également obligatoire de 10 % sur le revenu annuel.

Nous avons dit plus haut que le zekkat n'est pas un impôt dans le sens moderne du mot. C'est plutôt une sorte de devoir moral imposé au même titre que la prière, le jeûne du « Ramadan », etc. Le Makhzen n'a donc nullement le droit d'intervenir pour sa perception. A la fête de l'achour (dix du mois de moharrem), les négociants procèdent eux-mêmes à l'inventaire de leurs marchandises afin de pouvoir établir la quotité qu'ils croiront devoir donner aux pauvres à titre d'aumôme légale.

Mais, à la différence du zekkat, qui n'est, comme nous venons de le dire, qu'un devoir moral, l'achour, au contraire, est une imposition fiscale. En effet, des agents spéciaux nommés par le Makhzen, connus sous le nom de « Harras », prélèvent, tous les ans, un dixième des récoltes, défalcation faite de la quantité de semences employée. Pour les cultures par irrigations, il n'est payé qu'un cinquième.

Les cultivateurs peuvent payer l'achour soit en nature, soit en argent. Mais, par une anomalie très curieuse, les terres qui, cependant, représentent un capital, ne sont pas soumises à cette charge. Nous étudierons plus loin, les tentatives qui ont été faites pour établir une taxe sur les immeubles.

Il y a lieu de considérer également, comme impôt d'un caractère traditionnel, la « hadiya ». A l'origine chaque tribu envoyait, au Souverain, un cadeau aux trois grandes fêtes de l'année : l'Aïd El Kebir, l'Aïd Essaghir et El Mouloud. C'était une façon de manifester la soumission à l'émir, El Mouminin (prince des croyants).

Mais, au début la quotité de la hadiya n'était pas fixée. Chacun donnait selon ses moyens. Plus tard, cette coutume s'était généralisée et avait pris la forme d'un impôt.

La hadiya est perçue, aujourd'hui, de deux façons différentes :

Dans les villes, à Fez par exemple, toutes les professions sont groupées en corporations ayant à leur tête un chef appelé « lamine » lequel est élu par ses pairs. Ces chefs de corporations sont chargés de dresser, au commencement de chaque année, une liste de tous ceux qui sont en état de pouvoir payer la « hadiya ». D'une façon générale, en effet, les « Lamines » connaissent parfaitement la situation de fortune de leurs confrères et les imposent en principe selon leurs moyens. Mais les nombreux abus que commettent ces sortes de fonctionnaires sont d'autant plus regrettables que leurs décisions ne sont pas susceptibles d'appel.

Avant donc les trois fêtes dont nous avons parlé, les Lamines, chacun dans son ressort, font leurs tournées auprès des contribuables et perçoivent sans aucune formalité requise, les sommes qu'ils ont fixées à l'avance et d'une façon arbitraire.

Les fonds provenant de ces sortes d'impôts sont remis à une délégation de notables laquelle se charge de les déposer entre les mains du souverain le jour des fêtes. Cette opération est renouvelée chaque année et à la même époque.

Pour les montagnards, la procédure suivie est tout autre. Chez eux, en effet, c'est le caïd qui est chargé de répartir entre ses administrés la somme arbitrée. Le Makhzen fixe souvent l'impôt que devrait fournir chaque tribut. Mais les caïds prélèvent sur les contribuables de leur circonscription le plus qu'ils peuvent de façon à pouvoir réserver à leur profit au moins le triple de ce qu'ils doivent remettre au Sultan.

La perception de l'impôt de hadiya offre particulièrement l'occasion aux caïds de commettre les abus les plus criards.

Mais jusqu'à certaine mesure, ces fonctionnaires sont excusables de leurs prévarications.

En effet, pour la plupart d'entre eux, avant d'obtenir l'investiture de leurs fonctions, ils sont généralement tenus de payer leurs charges souvent à des prix fabuleux. De plus, une fois en exercice, ils ne peuvent compter sur aucun traitement du Makhzen. Au contraire, comme nous l'avons vu plus haut, ils sont obligés, trois fois par an, de verser au sultan, à titre de hadiya, une somme assez importante. En réalité, leurs fautes peuvent s'expliquer jusqu'à un certain point. En effet, il est naturel qu'ils prélèvent sur leurs administrés une part à leur profit pour recouvrer leurs fonds d'abord et réaliser ensuite un certain bénéfice. D'autant plus qu'ils n'ont aucune sécurité et ne sont jamais sûrs du lendemain.

Le Sultan actuel, Moulay-El-Hafid, ayant trouvé le trésor complètement vide a pris l'habitude de se procurer de l'argent en retirant aux caïds, leurs fonctions qu'il vend ensuite presque aux enchères. Dans de pareilles conditions, il est rare de rencontrer des fonctionnaires honnêtes dans n'importe quelle race.

D'autre part, il est bien établi que chaque fois qu'on a permis à certains fonctionnaires de se faire rétribuer directement par les contribuables, ils se sont toujours livrés à des prévarications et à des tripotages.

Et ceci est remarqué non seulement dans des pays arriérés, comme le Maroc, mais encore dans les pays civilisés où il y a une organisation sociale assez avancée et un contrôle administratif sévère. C'est ainsi qu'en Algérie les caïds qui se font payer sur le dixième du zekkat et de l'achour, continuent à pressurer leurs administrés à peu près comme leurs collègues du Maroc.

Le prélèvement de la hadiya réclamée par le sultan favorise donc le tripotage des caïds marocains.

Les trois impôts dont nous venons de parler, zekkat, achour et hadiya, à raison de leur caractère religieux, ne sont dus que par les contribuables musulmans. Les non-musulmans, chrétiens ou juifs, n'ont pas *l'honneur* d'y participer. Ils ont en revanche un impôt spécial, la djezia, ou droit de capitation. Mais au Maroc, le chrétien ne paie absolument aucun impôt, il bénéficie des Capitulations.

CHAPITRE III

Des impôts administratifs

Les impôts administratifs sont des impôts indirects assez nombreux : les douanes, le droit des portes, les droits de régie, les meks, et les droits du Fondaq En Nedjarin à Fez.

SECTION I

Des Douanes

A la différence des Puissances européennes et américaines qui utilisent les douanes comme moyen de protéger leurs productions contre la concurrence étrangère, le Maroc s'en sert uniquement pour se procurer des ressources pécuniaires.

Dans ce pays, les douanes sont de création relativement récente. Refoulé petit à petit le Maroc a dû chercher en lui-même ses moyens d'existence.

C'est à la France qu'est due l'ouverture du Maroc au commerce européen, de l'aveu d'un auteur marocain Ahmed ben Khaled En Nassiri, auteur de l'Istiqça. Voici ce qu'il dit, à propos du traité de 1844 : « A la suite de la conclusion de cette paix avec les Français et de la suppression des tributs que payaient les nations étrangères, les voyageurs et les commerçants européens devinrent plus nombreux dans les ports du Moghreb ; leurs relations et leurs points de contact avec les indigènes augmentèrent. Ils se livrèrent surtout au commerce des marchandises dont ils n'avaient pas eu jusqu'alors le droit de s'occuper et ainsi se trouva ouverte pour eux une porte qui leur était fermée auparavant. »

La douane de Tanger ne date que de l'époque où elle a été abandonnée par les Anglais et occupée par les musulmans sous le règne de Moulay Ismaël, en 1684. Azila et Larache ont été reprises par les Marocains sur les Espagnols en 1690 ; El Mehodya (Mamoura) en 1681. Casablanca a été bâtie en 1770 sur les ruines d'Anfa, par Sidi Mohammed ben Abdellah. Le sultan Moulay Sliman la ferma au commerce en 1795 et les négociants chrétiens qui l'habitaient se transportèrent à Rabat. C'est Moulay Abderrahman qui ouvrit Casablanca au commerce dans la première moitié du XIXe siècle et il n'y a guère que vingt-cinq ans que cette ville a pris une réelle importance. Mazagran (El-Djedida) a été reprise sur les Portugais en 1769. Azemour l'avait été en 1545 et Safi ou Asfi, en 1530. Enfin Mogador (Soueira) a été bâtie par le sultan Sidi Mohammed ben Abdellah.

Au début, les revenus des douanes étaient de peu d'importance et les sultans les affermaient à des juifs, moyennant une redevance dérisoire. Plus tard, les chrétiens furent également fermiers des douanes. On en trouve la trace dans le traité conclu en 1180 de l'hégire (1768) entre le Danemark et le sultan Sidi Mohammed ben Abdellah. Le premier des vingt articles stipulait que « l'administration des ports marocains cesserait d'appartenir désormais aux négociants danois, en raison de la dissolution de la compagnie qui avait le monopole des ports et que le consul de cette nation s'engageait à payer 12.500 douros qui étaient dus de ce fait par les négociants de son pays et que désormais les ports ne pourraient en aucune façon retourner entre leurs mains ».

D'une façon générale, on peut dire que ce n'est que de la fin du XVIIIe siècle que date réellement l'organisation des douanes au Maroc.

Les revenus douaniers furent insignifiants avant l'établissement du contrôle des Européens. Le Makhzen en effet, n'en recevait qu'une faible partie. La plus grosse part restait entre les mains des Oumana.

Aujourd'hui, au contraire, l'administration des douanes ne laisse rien à désirer, grâce à un contrôle efficace établi par la France depuis 1904 c'est-à-dire depuis le fameux emprunt marocain de soixante millions.

Toutes les marchandises de quelque nature qu'elles

soient sont frappées sans distinction, à l'entrée d'un droit de 10 °/. *ad valorem*, si aucun document ne venait établir qu'elles avaient été taxées dans une place marocaine. Les droits de sortie sont également de 10 °/. *ad valorem*, mais le bétail exporté acquitte les droits suivants :

Bœufs, vaches, bouvillons : pes. une par tête.

Chèvres, boucs, moutons et béliers : pes. 0,20 par tête.

SECTION II

Des droits des portes

Il n'existe pas à proprement parler d'octroi dans les villes du Maroc, mais ce qu'on appelle le droit des portes ; établi par le règlement du 30 mars 1881, supprimé dans la suite, il a été rétabli le 2 juin 1896, d'accord avec les représentants des Puissances. Les étrangers et les protégés y sont soumis comme les sujets marocains. Il ne s'agit pas d'une taxe municipale, ni d'un droit de consommation, mais d'un impôt entièrement absorbé par le Gouvernement central.

Le droit des portes est mis en adjudication tous les ans dans chaque ville. Le prix de cette adjudication est payable, par les fermiers, par mois et d'avance (1).

1. Michaux-Bellaire, *Archives marocaines*, T. 1, p. 65.

Voici le règlement concernant le droit des portes concerté entre Si Mohammed Torrès, ministre des Affaires étrangères de Sa Majesté Chérifienne; si Abdelkerim Bricha, envoyé spécial de Sa Majesté Chérifienne et les représentants des autres puissances signataires de la Convention de Madrid, et destiné à remplacer les articles 10 à 17 du règlement du 30 mars 1881 :

Article premier. — Le droit des portes ne sera payé qu'une fois.

Art. 2. — Pour les marchandises expédiées d'une ville à une autre, ce droit sera payé contre délivrance d'un récépissé à la sortie de la ville de départ.

Art. 3. — Les marchandises et produits de la campagne paieront le droit des portes en entrant en ville, sous délivrance de récépissé, mais si les produits sont destinés à un autre endroit qu'à la première ville où ils entrent, l'administrateur du droit des portes délivrera un récépissé à l'entrée de cette première ville.

Art. 4. — A l'exception du cas mentionné dans l'article précédent, le paiement des produits des portes ne sera que contre délivrance d'un récépissé.

Le récépissé devra être gardé par le muletier pour être exhibé dans les villes qu'il traversera, à la demande de l'autorité compétente. Le muletier devra le remettre à l'administrateur du droit des portes, à l'entrée de la ville de destination.

Le récépissé aura la forme suivante :

N..., s'est présenté avec (nombre) charges de (chameau, cheval, mule, âne,) ; il a le droit des susdites charges.

(Endroit, date.)

(Signature de l'Adel et cachet de l'Administrateur.)

Le récépissé servira de preuve que le droit a été payé.

Art. 5. — Les droits seront payés, au choix de celui qui les acquitte, en monnaie espagnole ou en monnaie française, mais les fractions inférieures à un réal payées en blanquillos d'après le cours de l'endroit du paiement.

Art. 6. — On paiera :

Par charge de chameau, 6 réaux ;

Par charge de cheval ou de mule, 4 réaux ;

Par charge d'âne, 2 réaux.

Art. 7. — Les marchandises et produits de la campagne (article 3) paieront :

Par charge de chameau, 4 réaux ;

Par charge de cheval ou de mule, 2 réaux ;

Par charge d'âne, 1 réal.

Art. 8. — Les céréales, quelles qu'elles soient, paieront : par charge de chameau, 2 réaux ;

Par charge de cheval ou de mule, 1 réal ;

Par charge d'âne, 1/2 réal.

Art. 9. — L'alfa, la feuille de palmier nain et les fruits frais paieront :

Par charge de chameau, 3/4 de réal ;

Par charge de cheval ou de mule, 1/2 réal ;

Par charge d'âne, 1/4 de réal.

Art. 10. — La paille, l'herbe, la racine de palmier pour les grandes villes, le charbon de bois et toutes les légumes fraîches ne paieront aucun droit.

Art. 11. — Pour les marchandises destinées à Rabat et à Saffi qui sont débarquées à cause du mauvais temps à Casablanca pour Rabat, à Mazagran ou à Mogador pour Saffi, le droit des portes sera payé à la sortie de la ville de débarquement, par le négociant qui réexpédiera la marchandise à sa véritable destination. Le négociant recevra des administrateurs du port de débarquement un récépissé spécifiant le nombre de charges arrivées à destination de Rabat ou de Saffi. Les commerçants de ces deux villes auxquels les marchandises sont destinées auront le droit d'en réexpédier le même nombre de charges, sans rien payer, contre présentation du récépissé des administrateurs du port de débarquement.

Art. 12. — Les administrateurs du droit des ports ont la facilité d'avoir les charges sur le contenu desquelles ils auraient des doutes, mais il est entendu qu'ils l'exerceront sans vexations inutiles.

Art. 13. — Les administrateurs du droit des portes qui ne se conformeront pas strictement à ce règlement, principalement aux prescriptions de l'article précédent seront punis par le gouvernement marocain.

Art. 14. — La taxe des portes ne pourra être augmentée sans un nouvel accord entre Sa Majesté Chérifienne et les puissances signataires de la Convention de Madrid.

Tanger, le 2 juin 1896.

Signé : MM. Bussche, représentant l'Allemagne et les Pays-Bas ; Urmenyé, pour l'Autriche-Hongrie ; Ed. Auspach, pour la Belgique et pour le Portugal ; Emilio de Ojeda, pour l'Espagne ; J. Judson Boulay, pour les États-Unis d'Amérique ; Mouhel, pour la France ; A. Nicolson, pour la Grande-Bretagne et l'Irlande ; J. Malmusé, pour l'Italie.

SECTION III

Du droit de Régie

Le droit de Régie est appliqué sur la vente du tabac indigène, du kif et de l'opium.

Le tabac étranger ne peut être introduit au Maroc que par le port de Tanger, moyennant paiement de droits de douane établis par un règlement en date du 2 juin 1896.

Le sultan s'est réservé la régie du tabac indigène à fumer et à priser, et du kif (graine de chanvre qui se fume). La régie n'est pas exploitée directement par le gouvernement, mais affermée tous les ans par des ventes aux enchères, dans chaque ville et dans chaque tribu. Les fermiers de la Régie s'acquittent, vis-à-vis du gouvernement, par paiements mensuels opérés d'avance. Les étrangers peuvent être fermiers de la Régie.

Le tabac à fumer peut être importé au Maroc, à des conditions établies par un arrangement conclu avec le corps diplomatique le 2 juin 1896.

Voici cet arrangement :

1° Pour le tabac en feuilles, 40 réaux de billon ;

Pour le tabac coupé, 60 réaux de billon ;

Pour le tabac élaboré, 60 réaux de billon ;

Cigares et cigarettes, 100 réaux de billon ;

2° Le tabac à fumer seul pourra être introduit et vendu, à l'exclusion de toute autre espèce.

Si un marchand est soupçonné de vendre autre chose que du tabac à fumer il sera dénoncé à son autorité par la personne chargée par le Makhzen de surveiller la vente du tabac ; une perquisition sera faite chez la personne soupçonnée, avec l'autorisation du représentant de sa nation. Si l'on trouve des articles prohibés, ils seront saisis et confisqués ; de plus le délinquant sera puni par son autorité ;

Le tabac ne pourra être introduit au Maroc que par le seul port de Tanger ; l'introduction dans tout autre port sera considérée comme un acte de contrebande et le tabac sera confisqué ;

4° Le présent arrangement signé par les représentants du sultan et par les représentants étrangers, ne pourra être modifié que d'un commun accord, entre les parties contractantes.

Fait à Tanger, le 2 du mois de juin 1896 signé : M. M... représentant l'Allemagne et les Pays-Bas ; Urmenyé, pour l'Autriche-Hongrie ; Ed. Auspach, pour la Belgique et pour le Portugal ; Emilio de Ojeda, pour l'Espagne ; J. Judson Boulay pour les États-Unis d'Amérique ; Mouhel, pour la France ; A. Nicolson, pour la Grande-Bretagne et l'Irlande ; J. Malmusé pour l'Italie.

La régie du soufre est un monopole qui ne figure dans aucun des règlements relatifs aux impôts passés d'accord avec les puissances. Le gouvernement marocain s'en est réservé l'exploitation pour lui-même.

SECTION IV

Des Meks

Ce sont des taxes de consommation ; des droits de ports, de marchés, etc., ils sont formellement contraires à la loi musulmane et tellement impopulaires que souvent les sultans les ont supprimés comme don de joyeux avènement. Mais ils ont été obligés de les rétablir pour se procurer des ressources ; Moulay El Hassan, à une époque, les avait supprimés, Abdelaziz, au contraire, les a rétablis. Le sultan actuel Moulay Elhafid les a maintenus. Les droits de marchés ont été réglés d'accord entre le gouvernement chérillen et les représentants des puissances en [illegible] par le règlement suivant :

1° Droits à payer par tout le monde indistinctement (c'est-à-dire par les étrangers et par les sujets du sultan protégés ou non).

Achar (dixième) sur les fruits secs et leurs similaires conformément au règlement (du 30 mars 1881) 5 pour °/. sur le prix de vente des chevaux, mulets, ânes et chameaux, à payer par moitié par l'acheteur moitié par le vendeur. 1/4 de réal (0,05 c 1/8) par tête de chien ou de mouton et 4 réaux par tête de bœuf.

Les peaux fraîches de bœuf, chèvres et moutons à l'abattoir ou autre poil, paieront ce qui leur incombe selon l'usage local.

2° Droits à payer par les sujets du sultan seulement (non protégés).

Le cuir tanné, les haïks, les babouches, les légumes, les pièces de bois, paieront sur le lieu de la vente et le charbon de même avec « El Alouat » (1)

Le droit à payer sera celui qui est habituel à l'endroit de la vente ;

3° Impôts supprimés (1) :

1. El Alouat est un petit panier de charbon qui se trouve en plus de la charge ordinaire. Les impôts n'étaient payés que par les sujets du sultan et n'étaient pas stipulés dans le règlement du 30 mars 1881.

Droits du marché aux grains ;

Droits sur la vente des vieux objets ;

Droits sur le sel, l'épicerie, sur le pesage de la laine filée ;

Droits sur les tanneries ;

Droits sur le passage des objets d'argent ;

Droits sur les mortiers à café ;

SECTION V

Des droits du « Fondaq-En-Nedjarin » à Fez.

Cette taxe, qui peut être considérée comme un droit de douane ou d'octroi, est perçue uniquement à Fez sous le nom de « l'Achar Fondaq-En-Nedjarin », du nom de l'endroit où elle est acquittée. Voici l'origine de cette institution : Après le traité du 18 mars 1845, qui faisait passer la frontière séparant l'Algérie du Maroc entre Lalla Maghnia et Oudjda, Moulay Abderrhaman voulut percevoir un droit sur les produits manufacturés à Fez et en sortant à destination de l'Algérie. Il établit dans ce but l'Achar Fondaq-En-Nedjarin. Peu à peu cette taxe fut étendue aux marchandises de toute provenance achetées à Fez par les Berbères. Le gouvernement marocain employait ce moyen, le seul qu'il eût d'ailleurs pour percevoir un impôt sur les tribus indépendantes, situées entre Fez et l'Algérie et qui échappent complètement à son autorité. Enfin depuis quelques années l'« Achar Fondaq-En-Nedjarin » est indistinctement perçu sur les marchandises de toute provenance, quelle que soit leur distinction (1).

1. Michaux-Bellaire, *Bulletin de la Société de Géographie*, 1909, 4e trimestre, p. 423.

CHAPITRE IV

Des Impôts de souveraineté (ou redevances)

Ces impôts sont assez nombreux. Nous allons étudier les principaux : la naïba, la harka, la ghorama, la daïra, la sokhra. Enfin dans un appendice, nous examinerons la situation des Chorfa (les nobles) et des protégés européens au point de vue des impôts.

SECTION I

De la Naïba

L'origine de cet impôt est très obscure. Pour les uns il a été établi comme une sorte de loyer pour frapper les détenteurs des terres Makhzen. Pour d'autres, c'est plutôt une sorte de redevance due par les tribus qui ne fournissent pas de contingents militaires au gouvernement. Les tribus, en effet, dites militaires sont exemptes de cet impôt.

M. Michaux-Bellaire qui a fait des recherches très minutieuses (1) au sujet de la « naïba » soutient

1. *Revue du Monde musulman*, juillet 1910.

qu'elle n'est autre chose que le « kharadj » C'est, dit-il, une sorte d'impôt foncier, une charge qui incombera à ceux qui jouissent de certains territoires, entre autres les territoires anoua.

En principe, la quotité de la naïba, tant pour son minimum que pour son maximum, est laissée à l'« idjchad » du Sultan. Mais en fait, elle reste à peu près soumise au bon plaisir des gouverneurs, et l'appellation : « tribu de naïba » est l'équivalent, dans le langage courant, de tribu taillable et corvéable à merci.

SECTION II

De la Harka (Contribution aux expéditions militaires)

Les impôts que nous avons vus ne sont pas facilement payés par les tribus imposées. Souvent, en effet ces dernières refusent de s'acquitter vis-à-vis du fisc. Pour faire rentrer les impôts, le sultan recourt alors à la force armée. Il fait appel aux contingents des tribus de naïba. Ces contributions aux expéditions militaires, c'est ce qu'on appelle fournir la harka.

Le nombre des cavaliers envoyés par chaque tribu varie selon son importance et selon les besoins du sultan. Nous savons, en effet, que le souverain du Maroc a une armée à peu près régulière et permanente composée de mercenaires et de recrues des tribus Makhzen où la conscription est établie en compensation des exemptions d'impôts.

Quand le Sultan décide une expédition contre des rebelles, il convoque les contingents des tribus naïba et les ajoute à son armée permanente laquelle comprend, en général, quelques troupes d'infanterie, quelques pièces d'artillerie et des cavaliers du Djech. Moulay El-Hassan a souvent dirigé en personne ces expéditions qui donnaient rarement lieu à des batailles. Le prestige religieux du sultan augmenté de la masse assez imposante, quoique désordonnée, qui l'accompagne, suffit presque toujours, avec l'influence de quelques Chorfa, à amener la soumission momentanée des tribus. Elles reprennent, d'ailleurs, leur indépendance, aussitôt après le départ de la harka, et les gouverneurs laissés par le sultan restent sans autorité ; s'ils ne sont pas obligés de fuir pour échapper à leurs administrés.

SECTION III

De la Ghorama (Le remboursement)

Cet impôt est établi, d'une façon arbitraire, comme conséquence du système de la responsabilité collective. Comme tant d'autres, il est très inique. Nous estimons, en effet, que la collectivité, même dans une société primitive, ne devrait pas être rendue responsable des actes criminels isolés d'un individu.

Au Maroc, les peines collectives existent encore. Bien plus, les bêtes de charge, mules ou chameaux, appartenant au Gouvernement et qui, hors du temps de harka, sont reportées dans les tribus, ne meurent pas, c'est-à-dire que si une de ces bêtes vient à mourir, elle est remboursée par la tribu, le paiement de ces indemnités collectives constitue El-Ghorama.

SECTION IV

De la Dhaira (l'amende)

Les caïds en tant qu'administrateurs, peuvent infliger à leurs administrés des amendes pour des délits de droit commun qui ne relèvent pas de la juridiction des cadis. Ces amendes rentrent généralement dans la caisse de ceux qui les prononcent et sont la source, cela se conçoit aisément, de nombreux abus.

SECTION V

De la Sokhra (la commission)

C'est une somme payée à un Makhzani du sultan ou d'un gouverneur mobilisé dans une affaire. Les proportions de la sokhra varient selon le rang des fonctionnaires employés, et l'importance de la réclamation qui a motivé leur envoi.

L'usage est que le paiement de la sokhra incombe à la partie condamnée. En cas d'arrangement à l'amiable, ce qui est fréquent, la sokhra est payée de moitié par les deux parties.

SECTION VI

De la Mouna (fourniture de vivres)

C'est une obligation qu'il ne faut pas confondre avec « eddifa » qui est l'hospitalité. La mouna est souvent un complément de la sokhra. Lorsqu'un fonctionnaire ou un soldat du sultan ou d'un gouverneur ont envoyé dans une ville ou dans un douar pour le règlement d'une affaire, il lui est dûs la sokhra et la mouna. Cette dernière obligation comprend sa nourriture, celle de ses gens et celle de ses animaux. La mouna est due également à tout fonctionnaire de passage dans une ville ou dans une tribu. Elle varie naturellement selon l'importance de ce personnage.

L'importance de la mouna avait été fixée par le sultan Abou Merouan El Ghazi dans une lettre qu'il écrivit à son frère pour faire préparer la mouna de ses troupes :

« Aussitôt que vous recevrez ces lignes, vous expédierez des gens à vous dans les districts d. Mehrier, d'Azunam et chez les Ouled Djelland, afin d'établir des réquisitions en vivres et en fourrages destinées à notre glorieuse armée et leur ferez donner l'ordre de porter le tout dans la ville de Salé.

« Le taux de la réquisition sera d'une « sohfa », soixante « mouds » d'orge (le moud employé par le Makhzen contient environ trente-deux litres) et vingt « mouds » de blé par chaque « naïba », d'un « Çaa » de beurre (de 250 à 260 livres) et d'un mouton par chaque naïba, etc. »

Il convient d'ajouter à ces revenus le butin fait sur les tribus vaincues ; le produit des saisies opérées sur un fonctionnaire arrêté après sa mort ; les successions vacantes et la part accordée par la loi au Trésor dans les successions qui ne sont pas entièrement absorbées par les héritiers directs, les revenus des propriétés du Makhzen.

APPENDICE

De la situation des « Chorfa » et des protégés européens au point de vue des impôts.

L'aumône légale étant une des obligations religieuses de tout musulman, est due par tous les chorfa, comme le sultan lui-même.

Les impôts indirects sont également payés par les chorfa.

Les droits des portes ne sont pas perçus dans les villes considérées comme Zaouiat, qui sont formées autour du tombeau d'un Chérif, fondateur d'un ordre religieux. La Régie n'existe pas encore dans ces villes dont les plus importantes sont dans le Nord du Maroc :

1° La ville d'Ouazzan ;

2° La ville de Tazerout dont la tribu des Beni-Arrous, centre des Chorfa Raïçoulïin, qui descendent également de Moulay Abdesselem.

3° El-Aroyag dans la tribu des Ghezoua où se trouve le tombeau de Sidi Abdel Hadj des Chorfa Ouled El Boggal.

Les Chorfa ne sont soumis à aucune redevance; ils ne contribuent pas à la harka. Mais le sultan est toujours accompagné dans ses expéditions par un ou plusieurs membres de chaque famille des Chorfa les plus influents dans la région qu'il traverse.

La présence de ces personnages, et leurs négociations habiles et intéressées, amènent toujours, sans coup férir, la soumission momentanée des tribus, qui se manifeste par le paiement des impôts en retard.

Les sultans ont toujours cherché à gagner l'amitié des Chorfa, pour les utiliser à consolider leur autorité là où elle est chancelante. C'est pourquoi, ils leur ont de tous temps accordé des immunités et des privilèges. Dans les tribus soumises, les Chorfa ont ce qu'on appelle des « Azib ».

Un « Azib » est une sorte de village dont les habitants sont de père en fils concédés par le sultan à un chérif et à sa descendance, pour prélever sur eux l'aumône légale et toutes les redevances. En un mot le Chérif est substitué au sultan vis-à-vis des individus qui lui sont ainsi concédés. Il perçoit, en effet, sur les gens de cet Azib, le zekkat, l'achour, la hadiya et diverses redevances. Il a également sur eux un droit de juridiction qu'il exerce par l'intermédiaire de « maqademin ».

L'organisation des Chorfa et de leurs Azib constituent donc, à proprement parler, des états dans l'état et la locution: « Empire des Chérifs » pour désigner Maroc est certainement la plus exacte (1).

Outre les Chorfa, les protégés des Puissances européennes et américaines sont également exonérés des impôts. Bien plus, leur situation est meilleure que celle des Chorfa. En effet, ces derniers, comme nous l'avons vu plus haut, paient l'aumône légale et les « meks » tandis que les protégés ne sont tenus à aucun impôt. Ils tiennent leurs privilèges d'une faveur octroyée par le sultan Sidi Mohammed ben Abdellah en 1767 aux censaux et autres serviteurs des consuls de France.

1. M. Michaux-Bellaire. *Archives marocaines*, t. I, p. 75.

Voici, d'ailleurs, le traité de cette convention : « Article 11 du traité du 28 mai 1767 entre Louis XV et Sidi Mohammed ben Abdellah : « Le despote français pourra nommer des consuls dans le pays de notre Seigneur — que Dieu lui donne la Victoire ! — dans les villes qu'il lui conviendra, pour représenter les Français dans les ports de notre Seigneur, — que Dieu le protège. ! — pour donner son concours, aux négociants, aux capitaines, marins et aux marins pour tout ce qui pourra leur être nécessaire, pour entendre leurs réclamations, décider entre eux dans leurs différends, et aucune des autorités des villes ne pourra s'y opposer.

« Ce droit leur appartient à eux seuls. Les consuls susdits auront le droit d'avoir dans leur maison un endroit réservé à leurs prières et à leurs lectures religieuses ; ils ne seront pas empêchés en cela et ceux qui voudront, parmi les chrétiens quels qu'ils soient, se rendre à la maison du consul pour les prières et pour les lectures, personne ne devra les gêner ni les empêcher. De même, les sujets de notre seigneur — que Dieu le protège ? — s'ils sont dans le pays des Français, personne ne les empêchera d'établir une mosquée pour les prières et pour leurs lectures religieuses, dans quelque ville que ce soit.

« Ceux qui seront au service des dits consuls comme secrétaires, interprètes, censeurs, courtiers et les autres, ne seront pas empêchés dans leurs fonctions, sous quelque prétexte que ce soit ; ils ne seront imposés d'aucun impôt, ni dans leurs personnes ni dans leurs maisons, ils ne seront empêchés en aucune façon de faire ce qui sera nécessaire pour le service des consuls et des négociants dans quelque endroit qu'ils se trouvent.

« Les consuls ne paieront ni « Melzouma » ni « Guadifa » pour ce qu'ils achèteront pour eux-mêmes comme nourriture, boissons, vêtements, et il ne sera pas perçu d'achour pour ce qui leur viendra de leur pays, tels que les effets servant à leur habillement, ni pour ce qui doit servir à leur nourriture et à leur boisson, de quelque nature que cela soit.

« Les consuls français auront la puissance et le pas sur les autres consuls des autres nations et ils auront également la liberté de se rendre où bon leur semblera dans l'empire de notre Seigneur — que Dieu le protège ! — sur terre et sur mer sans qu'aucun empêchement puisse leur être fait à ce sujet ; de même ils pourraient se rendre à bord des bâtiments de leur nation, si cela leur plaît.

« Leurs maisons seront respectées et on ne pourra y exercer de violence contre personne. »

Ce traité a été renouvelé dans les mêmes termes en 1816 entre Louis XVIII et Moulay Sliman, en 1825 entre Charles X et Moulay Sliman.

Le sultan, avons-nous dit, a bénévolement accordé cette faveur aux ressortissants français et protégés français. C'est surtout après la guerre de Tétouan (1859-1860) que le régime de la protection commença à se généraliser, justifié dans une certaine mesure par les abus du Makhzen. Mais, les abus résultant de cette protection sont beaucoup plus nombreux que ceux commis par le Makhzen. En effet, pour échapper au paiement des impôts tous les sujets du Sultan voulurent demander la protection d'une Puissance quelconque. C'est alors que le Makhzen, pour mettre fin à ces abus, se décida à faire réglementer la protection en la restreignant dans des proportions notables. En 1880 Moulay el Hassan provoquaient la réunion de la conférence de Madrid pour protester contre les abus de la protection et dans l'espérance de la voir complètement supprimée. La Convention qui fut le résultat de cette conférence est encore aujourd'hui celle qui règle le régime de la protection.

L'impôt agricole dont ils étaient exempts jusque-là est rendu obligatoire pour les protégés et pour les étrangers eux-mêmes. En compensation, le droit d'être propriétaire devait être reconnu aux étrangers, comme l'établit une lettre de M. de Freycinet à l'amiral Jaurès, en date du 10 mars 1880 :

« Nous admettons, d'ailleurs, que les censaux comme les autres protégés, soient, en tant que propriétaires, soumis au paiement des terres agricoles, mais en retour de notre consentement à ces impositions, nous demandons au Maroc la reconnaissance formelle du droit de posséder pour les étrangers. Il y a là une corrélation évidente entre ces deux idées, et si notre réclamation devait être repoussée, nous nous verrions obligés de nous en tenir aux termes de la Convention de 1863, en ce qui concerne l'exemption de toute taxe pour nos protégés. »

Cette convention de Madrid est demeurée lettre morte, les protégés jusqu'à l'Acte de Conférence d'Algésiras ne payaient pas un centime d'impôt. Nous verrons plus loin ce que cette Conférence a modifié au sujet des impôts payés par les protégés.

CHAPITRE V

Notions sur le Budget marocain

D'une façon générale on entend par budget un état de prévision de recettes et de dépenses, établi, pour une année déterminée par le Parlement qui donne au Gouvernement l'autorisation de percevoir ces recettes et d'effectuer ces dépenses.

Cette conception est complètement inconnue au Maroc où l'on ne peut prévoir ni les recettes ni les dépenses.

Dans sa remarquable notice sur le Maroc, publiée en 1896 M. H.-P. de la Martinière s'exprimait relativement au budget marocain en ces termes : « Le Maroc n'a pas de budget dans le sens propre du mot ; il n'a pas de dette ; sa fortune est celle du sultan et est constituée par le produit des douanes, des impôts, des contributions de guerre que le Makhzen lève durant ses expéditions. »

Le Maroc a toujours vécu au jour le jour. Nous avons vu que les caïds qui prélèvent les impôts au nom du sultan commencent par remplir leurs caisses et envoient une partie seulement au sultan.

Malgré la modicité de ses recettes, le « Makhzen » avait pendant longtemps réussi à éviter les déficits et sauf pour l'indemnité afférente à la guerre d'Espagne, à satisfaire par ses propres forces à toutes ses obligations pécuniaires vis-à-vis de l'Europe. Il devait ces résultats heureux à l'organisation même du gouvernement marocain, qui, à la différence des autres gouvernements du monde, peut, au besoin, fonctionner sans argent ; en effet, il n'existe pas, au Maroc, de services publics (chemins de fer, routes, ports, marine, justice) vraiment organisés. Le culte et l'enseignement sont entretenus par les biens « habous » constitués par les donations privées. D'autre part, les fonctionnaires, quel que soit leur rang, ne reçoivent pas de traitement ;ils se font payer par leurs administrés.

Les produits en nature, fournis par l'achour, suffisent à la « mouna » des soldats et des « makhzanis » En cas d'expéditions militaires, la « harka » exige des tribus soumises les contingents et les fonds nécessaires. Enfin le sultan et sa cour vivent des « hadiya » et des « ziaras » (cadeaux) apportés par les caïds au chef couronné. Il en résulte que les recettes presque entières du trésor donnent au « makhzen » une somme disponible, qu'il peut facilement appliquer aux réclamations européennes; soit pour se concilier des concours à l'intérieur.

La détresse du trésor chérifien, qui s'accentue depuis quelques années est un phénomène nouveau dans l'histoire du Maroc. Nous en donnerons les causes dans la troisième partie de notre travail.

D'après certaines estimations que nous donnons sous toutes réserves, les recettes se monteraient à 17.500.000 francs par an, tandis que les dépenses ne dépassent point six millions.

En l'absence de tout document officiel, il est impossible de fixer exactement le chiffre du budget marocain ; les chiffres que nous donnons ci-après sont purement hypothétiques, car il n'existe aucune comptabilité.

Recettes

Droits de douanes et de port, octroi ou droits des portes	10.000 000 fr.
Impôt (achour et zekkat)	3.000 000 »
Amendes, confiscations	1.000 000 »
Cadeaux des fonctionnaires . . .	1.000 000 »
Hadiya.	500 000 »
Monopoles	500 000 »
Droits sur les caravanes	250 000 »
Droits de marchés, etc.	250 000 »
Location du domaine impérial . .	250 000 »
Revenus des prix du sultan . . .	100 000 »
Impôts sur les Juifs	150 000 »
Total	17.000 000 fr.

DÉPENSES

Armée de terre.	3.000 000 fr.
Marine militaire	150 000 »
Maison impériale, harem, palais, écuries, jardins publics	2.500 000 »
Cadeaux à la Mecque, aux Chérifs, aux Mosquées, etc.	750 000 »
Dépenses pour les ports, les douanes, etc.	250 000 »
Traitement des fonctionnaires. . .	250 000 »
Honoraires des Consuls en Europe .	75 000 »
Courriers	25 000 »
Total	7.000 000 fr.

Les recettes des douanes sont les revenus les plus importants du Makhzen et ceux dont la réception s'effectue le plus régulièrement. Les administrateurs des douanes appelés Oumana sont généralement les plus intègres parmi les fonctionnaires marocains ; ils font, en outre, l'office de banquiers du gouvernement pour les paiements à effectuer à l'étranger. De l'administration des douanes, les Oumana passent à la trésorerie, si nous pouvons nous exprimer ainsi pour désigner le trésor du « Makhzen ». En effet, le régime fiscal est manœuvré par le corps des Oumana, composé des principaux négociants maures, de Fez, Tétouan et Rabat. Ces gens habitués au commerce et répondant par leur fortune propre de la sincérité de leur gestion, appliquent aux finances de l'État, les règles de la comptabilité commerciale. « L'Amin El-Oumana » qui siège au Makhzen et y fait fonctions de ministre des Finances est assisté de trois « Oumana » dont l'un est agent de recettes, l'autre caissier payeur, tandis que le dernier fait office de Cour des Comptes. Ils se bornent à centraliser les comptes de tous les « Oumana » du pays et à les porter sur un grand livre, tenu constamment à jour, qui donne par droit et avoir le bilan du gouvernement chérifien.

Les fonds provenant des impôts, des hadiya, des douanes, etc., ne sont pas déposés dans la même caisse. On distingue, en effet, le bit-el-mal El Mouslimin, le Trésor de Dar Adyil et le Trésor particulier du sultan.

SECTION I

Du Bit-El-Mal El Mouslimin.

Le bit-el-mal El Mouslimin est le Trésor public par excellence. Placé au Palais, à Fez El Djedid, il est fermé extérieurement par une épaisse porte de bois recouverte de plaques de fer blanc, qui a quatre serrures. L'ouverture du bit-el-mal donne lieu à une véritable cérémonie ; par surcroît de précaution, personne ne peut ouvrir seul le bit-el-mal, et ses quatre clefs différentes sont chacune entre les mains d'un fonctionnaire différent.

Chacun de ces fonctionnaires ouvre la serrure qui correspond à la clef dont il est porteur. De plus, la présence de deux Adouls est toujours requise pour ouvrir la porte du bit-el-mal.

La porte extérieure ouverte, on pénètre dans une première salle appelée el qaous, qui constitue l'antichambre du bit-el-mal proprement dit. Les mêmes clefs servent à ouvrir la porte du bit-el-mal lui-même. Après avoir ouvert cette porte, on entre dans une deuxième pièce où se trouvent quatre portes qui s'ouvrent chacune avec une des quatre clefs, et qui forment quatre magasins.

Dans trois de ces magasins, se renferment, en principe, les caisses d'or et d'argent qui constituent le Trésor; la quatrième porte est celle d'un quatrième magasin où serait entassée, dit-on, depuis des siècles, une grande quantité d'armes, piques, sabres, poignards, fusils à pierre. Toutes ces armes auraient été, pour la plupart, fabriquées dans le Sous, et les canons des fusils seraient si merveilleusement trempés qu'ils porteraient la balle aussi loin que les meilleurs fusils modernes fabriqués en Europe.

Voici comment on procède au versement des revenus d'après M. Michaux-Bellaire:

« Les fonds provenant des douanes sont envoyés

directement à l'Amin Ed Dakhel par les Oumana des différentes douanes. D'autre part, ces douanes paient sur place différentes dépenses. Certaines de ces dépenses sont prévues et n'exigent pas d'autorisation spéciale. Ce sont, par exemple, les appointements du personnel des douanes, des gardes magasins, etc., et à Tanger particulièrement, les dépenses afférentes au personnel et à l'entretien des bâtiments appartenant au sultan Et Turqui et Es Saïdi.

Les douanes de chaque ville paient également les troupes de cette ville. Les dépenses extraordinaires que les douanes peuvent avoir à payer, telles que « mounas » accordées par le sultan à certains personnages pour leur faciliter leur voyage à la Mecque, indemnités accordées, emprunts particuliers à rembourser ou sommes à payer pour des fournitures, etc., et toutes les dépenses qui ne font pas partie des prévisions, ne peuvent être faites que sur présentation aux administrateurs de la douane.

Ce qui reste d'argent, une fois les dépenses payées, est envoyé au bit-el-mal. Il est évident que depuis l'emprunt de 1904 (62 millions et demi) dont l'intérêt est garanti par l'engagement de 60 °/. des revenus des douanes, l'importance des sommes envoyées par les douanes au bit-el-mal a considérablement diminué.

Après les revenus des douanes qui sont les plus importants, come nous l'avons vu plus haut le bit-el-mal reçoit les fonds provenant de l'achour. Ayant déjà parlé de cet impôt nous n'avons qu'un mot à y ajouter. Nous avons, en effet, oublié de dire que les prélèvements de l'achour se font lorsque les récoltes sont complètement dépiquées et rentrées. Des agents appelés Khoraça estiment l'importance des récoltes, concurremment avec les caïds, d'après les dimensions des meules de paille qui restent après le dépiquage. Une semblable appréciation ne peut être qu'absolument arbitraire et il en résulte entre les cultivateurs et les percepteurs des arrangements et des compromis qui ne lèsent que les intérêts du trésor.

Ceux qui s'obstinent à ne rien donner aux Khoraça, comme pourboire, auront leurs récoltes taxées bien au delà de sa valeur réelle. Ces procédés se pratiquent encore dans une grande échelle par nos caïds d'Algérie.

Le produit de l'achour payé en argent est remis entre les mains des Oumana lesquels le versent au bit-el-mal.

Il est cependant à remarquer que l'achour qui est payé en nature par les tribus voisines de Fez, est déposé dans des magasins connus sous le nom de « el héri de boudjeloud ». Ces magasins sont administrés par un « amin » particulier qui relève du ministre des finances. Les revenus de la naïba des ghorama et des hadiya sont aussi envoyés directement au « bit-el-mal » par les caïds.

Les revenus des biens du makhzen sont également versés au « bit-el-mal ». Ces biens se composent d'immeubles (maisons et fondouks dans les villes ; de terre de labour et de plantations d'oliviers dans les campagnes.

Ces biens proviennent au makhzen du chef des successions vacantes, des saisies opérées sur les biens d'un fonctionnaire révoqué ou décédé.

Les immeubles du makhzen qui se trouvent dans des villes sont administrés par l'amin el moustafad qui verse les loyers qu'il perçoit au bit-el mal directement ou entre les mains des oumana des douanes.

Les biens ruraux, au contraire, sont gérés par des oumana spéciaux, lorsqu'il s'agit de jardins ou de plantations d'oliviers, et par des gouverneurs de tribus pour les terres de labour.

Le makhzen est également propriétaire du droit de pêche et de bac dans les différentes rivières.

Ce droit est exploité par les gouverneurs qui envoient une redevance annuelle au bit-el-mal.

Les sommes ainsi versées au bit-el-mal sont inscrites par les deux « adouls » présents à l'ouverture du trésor, sur les registres de l'amin ed dakhel. Cette inscription est ensuite transférée sur les registres du ministre des finances. La même opération, en sens inverse, a lieu lorsqu'il s'agit de sortir des fonds du « bit-el-mal » pour les dépenses. Ces dépenses sont faites par les soins de l'amin el kharadj ou es sayar ou amin Ech Chkhara du sultan.

« Beniqa essayar », le bureau des dépenses paye les appointements des vizirs et des secrétaires, du « dar el makhzen ». Il paie les Harrati, c'est-à-dire les corporations du dar el makhzen. On appelle ainsi tout le fonctionnarisme du palais qui gravite autour de la personne du sultan. Les corporations se divisent en deux catégories : les corporations du service extérieur et celles du service intérieur. Les premières relèvent du caïd el méchouar (sorte de capitaine des gardes, introducteurs des ambassadeurs et de quiconque voit officiellement le sultan); les deuxième, du hadjib (chambellan). La « beniqa » essayar paie également les troupes du « guiche », les « askars », les « makhzani » les « méchaouya ». C'est le même bureau qui paie les vêtements du personnel intérieur du palais, c'est-à-dire des femmes, les achats faits par le sultan par les soins du hadjib (chambellan).

Autrefois lorsqu'il y avait de l'argent dans le bit-el-mal, le fonctionnement qui vient d'être indiqué se pratiquait exactement, tant pour l'entrée que pour la sortie des fonds. Aujourd'hui que le trésor est vide, les fonds qui sont envoyés n'y entrent même plus, car leur utilisation pour les besoins pressants est immédiate. Ces fonds sont disposés, dès leur arrivée, dans la « beniqa » de l'amin ed dakhil, qui les met, sur reçu, à l'amin es sayar, par lequel ils sont immédiatement dépensés pour des arriérés à payer.

Il arrive même la plupart du temps que ces sommes sont insuffisantes pour parer aux besoins. L'amin ed dakhil les complète alors par des chèques d'un emprunt quelconque tirés par le ministre des finances et inscrits comme entrés par l'amin ed dakhil, qui les inscrit ensuite comme sorties, en les remettant à l'amin es sayar. Celui-ci les négocie pour payer les dépenses.

Le fonctionnemenent de l'administration du « bit-el-mal » exposé ci-dessus, est celui qui est en vigueur lorsque le sultan est à Fez. Pendant l'absence du sultan, le bit-el-mal de Fez est fermé, et les fonds sont versés dans la première pièce du bit-el-mal appelée « el qaous » dont il a été parlé plus haut.

El qaous est pour ainsi dire le bit-el-mal du khalife du sultan pendant l'absence de ce dernier.

Le rôle financier du qaous est maintenant le même que celui du bit-el-mal. Il encaisse les mêmes recettes et fait face aux mêmes dépenses ; mais il ne fonctionne que pendant l'absence du souverain, lorsque le bit-el-mal est fermé. L'amin el qaous remplace alors l'amin ed dakhel, et a les mêmes fonctions que lui.

SECTION II

Du trésor de dar adyil

Le trésor de dar adyil est celui où se réunissent les produits de meks, c'est-à-dire des droits de marchés, des droits des portes, de la régie des tabacs, kif et opium et de la régie du soufre.

Dar adyil est dirigée par l'amin el moustafad de Fez.

Les meks sont mis en vente aux enchères au commencement de l'année musulmane, c'est-à-dire au mois de moharrem ou de l'achour. Ces enchères sont dirigées par l'amin el moustafad de chaque ville qui encaisse le produit de ces différentes fermes. Mais, elles sont rarement faites honnêtement et sans arrangements particuliers avec l'amin el moustafad et la perception elle-même par les fermiers ou leurs agents est souvent arbitraire, c'est-à-dire qu'elle retombe plus particulièrement sur les pauvres gens et sur ceux qui n'ont aucun protecteur influent.

Le produit des fermes de tous les meks est réuni entre les mains de l'amin el moustafad de chaque localité. Cet amin paie sur les revenus dont il est chargé et fait parvenir le reste à dar adyil soit directement soit par l'intermédiaire des oumana des douanes.

Depuis plusieurs années le manque d'autorité du makhzen ne lui permet plus de faire toucher les meks aux marchés de la campagne. Autrefois, ces meks étaient vendus à des fermiers comme ceux des villes.

Les dépenses supportées par les fonds de dar el adyil sont les suivantes :

Nourriture du sultan et de tout le personnel intérieur du Palais.

Pensions de certains membres de la famille impériale.

Vêtements du personnel intérieur du Palais, sauf du sultan et de ses femmes qui sont payés par l'amin es sayar.

Entretien des Chérifas-Alaoulas, filles ou veuves.

Costumes remis tous les ans aux Ouléma.

Uniforme des askars.

Telles sont les dépenses qui doivent être payées par dar adyil ; mais dans l'état actuel des choses, cette organisation reste à l'état théorique. En effet comme on l'a vu, l'amin el moustafad de Fez, est chargé de payer les constructions du Palais et il y emploie tout l'argent des meks ; dans ces conditions, il ne reste rien des revenus de ces impôts à verser à dar adyil ; toutes les dépenses de nourriture du Palais, et autres dépenses qui devraient être payées par dar adyil le sont effectivement par le bit-el-mal c'est-à-dire surtout par les fonds provenant des différents emprunts officiels ou particuliers contractés par le makhzen depuis ces dernières années. En effet, lorsque les fonds de dar adyil sont insuffisants pour payer les dépenses, voici comment il est procédé :

Les oumana de dar adyil, avec pièces justificatives à l'appui, c'est-à-dire produisant les régistres d'entrée de fonds, et les registres des dépenses prévues, demandent un envoi de fonds au ministre des finances. Celui-ci s'adresse au conseil des ministres, qui, s'il approuve l'envoi des fonds demandés, expédie une note au sultan pour lui en faire part.

Le sultan approuve et autorise l'envoi de fonds en écrivant au crayon sur la note envoyée par le Conseil des Ministres « Itanfad » « que soit remise » la somme de...

Le lendemain, le bit-el-mal est ouvert avec le cérémonial usité qui a été décrit plus haut. Aujourd'hui cette cérémonie est devenue inutile ; on prend simplement les fonds de la beniqa de l'amin ed dakhil, ou le ministre des finances envoie un chèque. Cette dernière ressource elle-même manquant dans ces derniers temps, on vivait au jour le jour et d'expédients.

SECTION III

Du trésor particulier du sultan

Nous avons vu dans les deux chapitres précédents que le Souverain du Maroc, faute de liste civile régulière, fait payer, par le bit-el-mal el mouslimin et par adyil, toutes ses dépenses personnelles et celles de son Palais.

Cependant, de tous temps, les sultans ont un trésor particulier où ils déposent les hadiya (cadeaux) qui leur sont faits par les caïds aux candidats caïds aux trois grandes fêtes de l'année, l'Aïd el Kebir, l'Aïd Essaghir El Mouloud.

En général tous les fonctionnaires des provinces (souvent même ceux du Blad-Essiba) sollicitent et obtiennent du sultan une audience quand ils se trouvent à Fez. Mais chacune de ces audiences se traduit par l'offre d'un petit souvenir en or, au Souverain. La valeur du cadeau varie avec l'importance du personnage reçu. Cependant les dons ne sont pas remis entre les mains du sultan lui-même. C'est son chambellan, el hadjib, qui les reçoit et les dépose dans le bit-el-mal ed-dakhil lequel est situé dans les appartements particuliers du monarque.

Ce bit-el-mal ed-dakhil n'est grevé d'aucune dépense. Son administration appartient au sultan seul qui peut en disposer selon son bon plaisir, à n'importe quel moment. Mais il ne recourt généralement à cette réserve qu'en cas de révolution ou de guerre civile pour gagner la sympathie des Chérifs et des puissants de l'heure.

D'après la rumeur publique, le bit-el-mal ed-dakhil contiendrait des richesses très importantes. Cela a pu être vrai avant la révolte de Bou-Hamara. Mais, depuis l'avènement de Moulay Abdelaziz qui a tout gaspillé, le trésor particulier du sultan ne doit pas contenir des sommes considérables. La meilleure preuve de ce que nous avançons c'est que dernièrement Moulay Abdelaziz, pour se procurer des fonds, a été obligé de déposer, comme gage, au Mont de Piété de Paris, ses bijoux.

Nous avons dit plus haut que le sultan seul a l'administration et la disposition du bit-el-mal ed dakil dont il n'a de compte à rendre à personne. Lorsqu'il est en voyage, il le laisse dans son palais. Les clefs en sont remises à un amin particulier qui habite hors du palais où il ne peut pénétrer qu'en vertu d'un ordre exprès. Le palais est aussi fermé et ses clefs restent entre les mains du Pacha de Fez Ed Djedid qui est en même temps, « bouab », portier du Dar El Makhzen.

Si, au cours de son voyage, le sultan a besoin d'argent de son trésor particulier, des ordres chérifiens sont envoyés à ce sujet à l'amin qui a les clefs du trésor particulier et au « bouab » du palais. Tous deux se communiquent les ordres qu'ils ont reçus pour pratiquer, en présence de deux adouls, l'ouverture du trésor et l'enlèvement des sommes demandées par le sultan. Un trésor particulier du souverain se trouve à Fez, un autre à Meknès et un troisième à Merrakech. Les « bit-el-mal » se trouvent également dans chacune de ces villes pour permettre au Sultan d'avoir dans ses capitales un trésor public et un trésor particulier.

APPENDICE

De la monnaie marocaine

Avant d'aborder l'étude de la troisième partie de notre travail, il est utile de parler un peu de la monnaie qui se rattache directement à la question des impôts.

Le système monétaire du Maroc est un mystère de plus ajouté aux autres mystères de ce ténébreux empire. Tant que le Maroc n'était pas en rapports financiers avec l'extérieur, sa monnaie, conforme à l'état du pays, conservait sa valeur absolue. Elle devait la perdre du jour où elle entrait en comparaison avec la monnaie des puissances européennes. La base du système monétaire marocain est le *mitqal*, qui se divise en dix onces, ouqia. L'ouqia, elle-même se divise en quatre mouzouna, en parlant de la diminution de valeur de la monnaie marocaine, nous voulons parler de la diminution de valeur du *mitqal*, proportionnellement au *douro*, base européenne introduite dans le système basé sur le mitqal ; il marche parallèlement avec lui et la valeur du douro a toujours augmenté au détriment de celle du *mitqal*.

Cette diminution de la valeur de la monnaie marocaine ayant pour base le *mitqal*, relativement au « douro », est certainement un des côtés les plus intéressants de l'histoire des finances marocaines et c'est là qu'il faut chercher la raison de l'appauvrissement progressif du pays, qui s'est accentué rapidement depuis cinquante ans, c'est-à-dire depuis que les relations avec l'Europe ont augmenté.

D'autre part cette diminution de la valeur du mitqal et de ses divisions (ouqia et mouzouna) provient de ce que le mitqal, qui est l'ancien dinar, était dans l'origine une monnaie d'or. L'étalon de la monnaie marocaine était donc un étalon d'or. Malgré ses successives diminutions de poids, le mitqal or pesait au commencement du règne des Filala, un poids d'or supérieur à sa valeur de circulation. Les spéculateurs et sans doute le Makhzen lui-même, ont vendu au poids d'or le mitqal qui a disparu. Le Makhzen a arbitrairement essayé de maintenir, malgré la baisse de l'argent, la valeur de la monnaie d'argent, basée en principe sur un étalon d'or qui avait disparu. Le mitqal n'étant plus représenté que par un certain nombre de pièces d'argent ou de pièces de cuivre, n'a pu, malgré les efforts des sultans, conserver relativement au douro la valeur qu'il avait quand il existait sous la forme d'une monnaie d'or, et sa valeur devenue fictive a diminué progressivement de telle façon qu'un douro qui, il y a cent ans, valait un mitqal, en vaut aujourd'hui quatorze.

Sous le règne de Moulay Er-Rachid, au XVIIe siècle (IIe siècle de l'hégire) le douro valait 5 onces (ouqia) 1/2. Sous les règnes de Moulay Ismaël et de Moulay Abdellah, au XVIIe et au commencement du XVIIIe siècle, en 1767, sous le règne de Sidi Mohammed ben Abdellah, le douro valait 9 onces, et au commencement du XIXe, sous le règne de Moulay Sliman, il valait 10 onces ou un mitqal. Sous le règne de Moulay Abderrahman, en 1261 de l'hégire (1845 J.-C.), le douro espagnol valait 16 onces ou un mitqal et 6 onces ; le douro français valait 15 onces, ou 1 mitqal 1/2. En 1290 de l'hégire, à la fin du règne de Sidi Mohammed ben Abderrahman, le douro valait 3 mitqals 1/2. En 1310 de l'hégire, sous le règne de Moulay El Hassan, il valait 14 mitqals à Fez, 13 à El-Qçar et 12 1/2 à Tanger. Enfin sous le règne de Moulay Abdelaziz, le taux officiel du douro hassani, dans tout le Maroc, a été fixé à 14 mitqals.

Nous disons le douro hassani, pour le distinguer du douro espagnol ; en effet, Moulay El Hassan et son successeur Moulay Abdelaziz, pour essayer de lutter contre cette dépréciation de la monnaie locale à laquelle leurs prédécesseurs s'étaient opposés en vain, ont fait frapper, en Europe, une monnaie d'argent basée sur le système décimal ; mais les indigènes ont immédiatement appliqué à cette monnaie nouvelle leur système monétaire du mitqal et de l'ouqia, qui, dans cette application, a subi une nouvelle dépréciation. De plus, l'apparition au Maroc d'une nouvelle monnaie marocaine, basée sur le système décimal, pouvait en mettant un peu d'ordre dans le système monétaire du pays, mettre un terme à tous les tripotages que les négociants indigènes, juifs et européens faisaient depuis longtemps à l'abri des complications de la vieille monnaie du pays. Toutes les transactions dans les ports se faisaient en monnaie espagnole; dans l'intérieur en monnaie indigène; il y avait là un passage à franchir dont les intermédiaires indispensables savaient tirer de gros bénéfices. Il ne fallait pas que ces bénéfices fussent perdus, aussi la nouvelle monnaie fut-elle dépouillée de son apparence décimale et travestie en mitqal et ouqias, au lieu d'introduire avec elle, dans le pays, le système décimal dont elle avait la forme. De plus un change ne tarda pas à s'établir entre la monnaie indigène dite hassani, et plus tard âzizi, et la monnaie espagnole, et avec toutes les monnaies d'Europe en proportion du taux de change de la monnaie espagnole elle-même avec les autres monnaies. Cela augmenta encore la dépréciation du mitqal et les complications financières.

Avant l'émission de la nouvelle monnaie par Moulay El Hassan, la monnaie d'argent était depuis longtemps rare au Maroc. D'une valeur argent supérieure à sa valeur monnaie, elle avait été accaparée et rapportée en contrebande — l'ancienne monnaie d'or avait eu le même sort avant elle —. Il ne restait guère que la monnaie de bronze ce que l'on appelle le flous. Sous le règne de Sidi Mohammed, les négociants se livrèrent sur ces flous à un agiotage éhonté.

En 1903, le Sultan Moulay Abdelaziz fit frapper en France, en Angleterre et en Allemagne de la monnaie de bronze pour remplacer les anciens flous. Cette nouvelle monnaie de billon comprenait quatre types de pièces, marquées 1, 2, 5 et 10. Comme les monnaies d'argent, cette monnaie a été adaptée par les indigènes à l'ancien système monétaire du pays.

Les pièces marquées 1 ont été appelées mouzouna; celles marquées 2, oujein ; celles marquées 5, khasnsaoujour ; celles marquées 10, achraoujou. On en a fait des ouqias et des mitqals et on a continué à s'en servir comme les anciens flous.

Le premier résultat a été de faire perdre à cette monnaie de billon 12 °/. de la valeur qu'elle aurait eue avec le système décimal, en effet, la pièce marquée 1 valant un centime, il en fallait 500 pour un douro, tandis qu'en comptant pour une mouzouna, à 14 mitqals le douro, il en fallait 560. De plus la grande quantité de cette monnaie jetée sur le marché de Fez et les spéculations des négociants de cette ville, qui achetaient au rabais la monnaie de bronze dans les ports, causèrent une véritable pléthore de cette monnaie à Fez. Cette spéculation d'agiotage était basée sur la différence qui s'était établie entre la valeur en mitqals du douro argent et du douro cuivre.

La première, comme nous l'avons dit, s'était vue attribuer une valeur uniforme de 14 mitqals, tandis que le douro cuivre, qui valait à Fez de 15 à 16 mitqals, en valait 18 dans les ports. Des négociants de Fez en ont alors acheté de grandes quantités qu'ils faisaient venir de Tanger et des autres ports.

D'où encombrement de monnaie de billon à Fez, baisse et dépréciation de cette monnaie qui circule aujourd'hui pour la moitié de sa valeur et d'après le système monétaire indigène, c'est-à-dire que la pièce de bronze marquée 10 vaut 5 mouzounas au lieu de valoir 10 centimes et ainsi de suite, de telle façon qu'il faut 1.200 pièces marquées 1 pour faire un douro, tandis qu'il n'en faudrait que 500 d'après le système décimal qui a servi de base à l'émission.

La nouvelle monnaie de billon a donc subi une dépréciation de 112 % au Maroc, même sans parler du change, et de plus, celle-ci n'a cours à ce taux que dans les villes, sauf à Tanger où elle n'est acceptée par personne. Dans les campagnes, elle est absolument refusée et n'a aucune valeur.

Jusqu'à ces dernières années, l'administration des finances marocaines avait conservé, au douro, pour la perception des impôts, son ancienne valeur de 35 onces, ou 3 mitqals et demi, tandis que, pour les entrées inscrites au Trésor, il était attribué au même douro la valeur de 14 mitqals ou de 140 onces; c'est-à-dire, qu'une somme de 100 douros, par exemple, devant être perçue, les agents du fisc réclamaient aux contribuables la somme correspondante en mitqals, au taux de 14 mitqals par douro, soit 1.400 mitqals. Pour la perception, ils attribuaient ensuite à chaque douro versé la valeur de 35 onces, ou de 3 mitqals et demi desorte qu'en prélevant réellement 1.400 mitqals, qui devaient représenter 100 douros, ils percevaient effectivement 400 douros, dont ils versaient 100 au Trésor; les 300 douros résultant de leur fraude étaient répartis entre les différents fonctionnaires par les mains desquels les fonds devaient passer avant d'arriver au Trésor. Les contribuables versaient donc une somme 300 fois supérieure à celle qu'ils auraient dû régulièrement verser (1).

1. M. Michaux-Bellaire. *Bulletin de la Société de géographie*, 1909, 4e trimestre.

TROISIÈME PARTIE

Dans cette troisième partie de notre travail, nous avons à étudier les réformes tentées par certains sultans et celles introduites au Maroc par les puissances européennes.

CHAPITRE I

Des réformes tentées par les sultans

Le Maroc, avons-nous dit plus haut, est un pays essentiellement musulman et comme tel il a réglé ses institutions conformément à la loi coranique. Or, nous savons que cette religion ne prévoit aucun impôt dans le sens moderne du mot, mais une simple aumône laissée à la volonté des croyants et affectée particulièrement aux pauvres. Elle est par conséquent restée muette sur la conception de l'état qui a besoin de recettes et de dépenses pour vivre. Disons, entre parenthèses, que toutes les religions ne se préoccupent que de faire le plus de prosélytes possible.

Au début donc de l'Islam, les Arabes qui ne faisaient des conquêtes qu'en vue de la foi, se cantonnaient volontairement dans le cadre dogmatique. Mais, avec le temps, leur ardeur religieuse s'est calmée et a laissé place à un désir de tirer profit du pays conquis et pacifié. Ne pouvant alors se contenter des prescriptions coraniques, ils essayèrent de laïciser, si nous pouvons nous exprimer ainsi, les impôts religieux à côté desquels, ils en établirent d'autres, tels que la « djezia » et le « kharadj ».

Moyennant, en effet, le paiement de ces deux derniers impôts, les chrétiens et les juifs avaient le libre exercice de leur culte et n'étaient pas inquiétés dans leur croyance. Bien plus, les terres grevées de kharadj, ne pouvaient s'en affranchir quand bien même elles passeraient entre les mains d'un musulman. Ceci nous prouve, une fois de plus, que l'idéal religieux de la première heure a en dernier lieu disparu devant les besoins de l'état formé. Il est absolument certain que, si les musulmans n'avaient pas sombré avec leur brillante civilisation, leur gouvernement aurait fini par se détacher, lentement peut-être, mais sûrement du pouvoir spirituel, en établissant sur des bases sérieuses une véritable organisation financière, comme cela a eu lieu chez les peuples chrétiens.

SECTION I

Premières tentatives de réformes au Maroc.

Le Maroc, lui aussi, quoi qu'on en dise, a subi la loi de l'évolution. Nous savons déjà que de bonne heure, le Makhzen a créé à côté des impôts coraniques, d'autres impôts absolument prohibés tels que les meks, violant ainsi ces paroles du Prophète : « Dieu nous préserve des Impôts. »

D'autre part, dès la fin du IIe siècle de l'hégire, une tentative fut faite par Abou El Abbas ben Ibrahim El Aghlebi, pour introduire dans la perception de l'impôt religieux lui-même une modification semblable à celle qui, onze cents ans plus tard, devait figurer dans le fameux Tertib de 1321 (1903 J.-C.).

Afin de donner plus de stabilité aux recettes en ne les laissant plus dépendre de l'importance des révoltes, ce qui rend les prévisions impossibles, Abdellah El Aghlebi avait ordonné au directeur des impôts de ne plus recevoir la dîme en nature et d'imposer un droit annuel de 8 dinars par paire de bœufs employée à la culture des terres, que les récoltes fussent bonnes ou mauvaises (1). Malheureusement cette mesure ne fut jamais mise en pratique et resta lettre morte par suite de la réprobation générale qu'elle souleva. En effet, non seulement, elle violait la loi coranique, mais encore elle blessait le sentiment superstitieux des populations agricoles, en escomptant l'avenir.

C'est donc le régime traditionnel qui l'emporta et assura ainsi tant bien que mal, aux sultans jusqu'en 1880 des ressources à peu près suffisantes. Avant cette date, en effet, le Maroc était fermé et vivait souvent sans impôts. Nous avons déjà dit qu'il n'y

1. En Nouori; appendice XXXXIII ; Ibn Khaldoun, *Histoire des Berbères*, t. I, p. 404. Trad. de Slane.

avait dans ce pays aucun service public à la charge du gouvernement; les quelques millions ramassés avec peine par « hadiya » et les « meks » suffisaient au delà à l'entretien du sultan et des gens du makhzen. Mais le jour où le contact a eu lieu avec les européens, des besoins nouveaux se sont créés. D'autre part, la situation financière s'est singulièrement aggravée pour le trésor, à la suite des tentatives de réformes fiscales, mal étudiées, qu'entreprit inconsidéremment le sultan: deux tentatives qui toutes deux furent malheureuses.

SECTION II

Des réformes de 1881

En 1881, comme il en avait obtenu le droit à la conférence de Madrid, le sultan édicta un tertib (c'est-à-dire une organisation, de la racine arabe « rataba » qui veut dire ranger en place) dont le principal souci était d'assujettir les européens et les indigènes à l'impôt agricole au même titre que les indigènes sujets européens ordinaires bien que la base n'en pût être dans le principe religieux. Ce tertib établissait ainsi trois impôts : sur les produits agricoles (dîme), sur les animaux domestiques employés, sur les marchandises transportées et que devaient payer indistinctement, marocains, européens et protégés. Mais, pour éviter d'offrir aux consuls étrangers l'occasion de s'immiscer dans l'administration marocaine et aussi pour diminuer les difficultés qu'entraînerait la taxation des étrangers, le sultan n'a jamais mis en pratique ce tertib et a maintenu jusqu'à nouvel ordre les anciens impôts ; mais cela avait éveillé, parmi les masses pressurées, des espoirs d'affranchissement qui rendirent désormais les recouvrements relativement plus difficiles.

En tous cas, le tertib de 1881 ayant à peu près suivi l'esprit des prescriptions religieuses de l'aumône légale, surtout en ce qui concerne l'impôt agricole, n'a pas choqué le sentiment des populations et n'a eu aucune conséquence fâcheuse. C'est donc, comme nous le disions plus haut, surtout à cause de l'immixtion des consuls que Moulay El Hassan l'a écarté.

SECTION III

Du « Tertib » de 1901

En 1901, même essai de tertib pour le même motif. Il s'y mêlait aussi, il est vrai, le dessein caché de l'Angleterre de régénérer alors le Maroc pour le fermer ainsi à l'influence française. En effet, dès l'avènement du jeune sultan, Moulay Abdelaziz, l'Angleterre, avec ses intrigues habituelles, réussit à caser dans la Cour chérifienne, quelques-uns des siens, entre autres, le fameux caïd Mac Léon dénommé par les Marocains le « Krounil » (colonel).

D'autre part, le hasard a favorisé la politique anglaise par l'arrivée au pouvoir d'un vulgaire « askri » doué, dit-on, d'une certaine intelligence mais dépourvu de tout sentiment de dignité, nous voulons parler de El-Menabhi. La fortune de cet individu est, en effet, assez singulière. C'est un ancien « makhzani », c'est-à-dire, un simple cavalier comme ceux des communes mixtes de l'Algérie ; il avait été ensuite, au service de Ba Ahmed, le puissant « vizir » (1) qui le tenait en grande estime. A la mort de Ba Ahmed, le jeune sultan Moulay Abdelaziz ne savait quoi faire et fut dans un grand embarras ; Ba Ahmed l'avait tenu à dessein à l'écart des affaires ; sans expérience, sans instruction et sans autorité, il ne trouva rien de mieux que de faire venir El Menabhi que le « vizir » (1) mourant lui avait chaudement recommandé. Et voilà comment ce triste personnage d'El Menabhi, du jour au lendemain, fut transformé en « vizir » (1) favori. L'Angleterre, qui était bien servie à ce moment, sut profiter de l'occasion et entra en relations par l'intermédiaire du caïd Mac Léon, avec El-Menabhi qui devint dès lors son instrument docile.

En 1901, El-Menabhi était donc le véritable maître de l'empire. Mais ce parvenu pour garder le pou-

1. Ministre.

voir le plus de temps possible sans inquiétude, eut l'idée de trouver au jeune sultan des occupations enfantines. Il lui procura, en effet, avec d'autres complices naturellement, des distractions. Pour cela, il fit appel à l'obligeance de son ami, le caïd Mac Léon pour accomplir la *rude besogne d'amuser* Moulay Abdelaziz, Mac Léon ne manqua pas, d'ailleurs, de donner au jeune souverain, selon la coutume du pays, sa fille en mariage. Depuis lors, on comprend aisément que ce nouveau membre de la famille chérifienne devienne le bras droit du sultan. C'était lui, en réalité, qui dirigeait la politique marocaine. D'ailleurs, il était secondé, dans toutes ses entreprises plus ou moins louches, par plusieurs de ses compatriotes entre autres, Harris, le correspondant du *Times*, qu'il avait présenté au sultan en costume d'apparence officielle tout chamarré d'or.

Mais, Moulay Abdelaziz qui avait aussi pris goût à la civilisation européenne, faisait commande sur commande aux Maisons anglaises, allemandes, françaises, etc. Des bijoux, des automobiles, des cinématographes, des bicyclettes, en un mot tout ce qui peut impressionner et surprendre un être primitif, une imagination vierge, fut acheté et porté (souvent à dos de chameaux) à la Cour chérifienne.

A tour de rôle et presque par saison, le sultan s'occupait tantôt de la photographie, tantôt de la musique, tantôt de la bicyclette ou des automobiles.

Et dans toutes les réceptions qu'il donnait à ses amuseurs européens, le bon champagne ne cessait de couler à flots.

Mais, ce qu'il y avait surtout de malheureux, c'est que le grand seigneur qu'était Abdelaziz chaque fois qu'il avait égaré sa raison au fond d'un verre de vin capiteux, il apprenait à tirer de son palais, avec les armes modernes ; mais il se servait des passants comme cible. Si bien qu'il avait de la sorte fait plusieurs victimes.

En un mot, ce détestable monarque ne se privait absolument de rien pour satisfaire son caprice enfantin.

Or, pendant qu'il dansait dans ses salons particuliers les quadrilles et le boston avec ses commensaux exotiques, les finances de la nation valsaient de leur côté dans les poches de ses fournisseurs européens d'abord et de celles de ses ministres et « caïds » ensuite. De telle sorte que tous les deniers publics furent absorbés par les uns et par les autres aux dépens des intérêts supérieurs du pays. C'est ainsi que notre infortuné El-Menabhi n'a réussi à réserver pour ses vieux jours qu'une bagatelle somme de 40 millions qu'il déposa dans les banques de Londres et s'était fait protégé anglais ensuite. Ces quelques millions constitueront, nous n'en doutons pas, une rente modique de retraite pour un vieux « makhzani » qui a prodigué sans compter ses forces *physiques et intellectuelles* au service de sa Patrie.

Mais, peu importe à Moulay Abdelaziz, que le pays soit complètement désorganisé et ruiné, que le trésor de l'État, rempli, au prix de mille peines par son père Moulay El Hassan soit également dilapidé, rien ne l'inquiétait, rien ne faisait changer sa conduite déplorable. Au contraire, il ne demandait qu'à ne pas être dérangé dans ses orgies et à être tenu surtout au courant des distractions nouvelles.

Ah! si Abdelaziz, tout khalifat qu'il était, avait affaire à un peuple instruit et réveillé par un Voltaire, un Jean-Jacques Rousseau ou un Montesquieu, tel que l'était le peuple français en 1789, sa vie de débauche l'aurait certainement conduit à la guillotine, comme le roi de France Louis XVI. Pourtant ce malheureux monarque n'a absolument rien fait personnellement. Il a payé de sa tête les fautes de ceux qui l'avaient précédé sur le trône et particulièrement son grand-père Louis XV sous le règne duquel la France a perdu presque toutes ses belles colonies et surtout de son ancêtre Louis XIV qui avait complètement épuisé son pays par ses nombreuses guerres et sa vie luxueuse.

Il y a cependant en faveur d'Abdelaziz des circonstances atténuantes. Il les mérite d'autant plus qu'il a été lui aussi victime de cette inconscience humaine qui place à la tête d'un pays un enfant sans instruction, sans éducation et surtout sans expérience.

Pendant donc que notre jeune sultan s'amusait, le

peuple, à bout de patience, commençait à se lamenter. Des symptômes de révolte, en effet, s'accusaient dans les quatre coins du Maroc. Le fameux Rogui, jaloux, peut-être, de la vie de luxe de Moulay Abdelaziz, voulait profiter de l'occasion pour s'imposer comme sultan régénérateur. Il est absolument certain que si la France lui avait franchement prêté son concours comme on l'a prétendu, il aurait sûrement atteint son but tellement Abdelaziz était devenu impopulaire bien qu'excusé par la masse en tant que Chérif.

Devant cette situation lamentable, révolte d'un côté, finances dilapidées de l'autre, le sultan fort embarrassé ne savait que faire. Il s'est alors adressé à ses intimes conseillers, El Menabhi, le Caïd Mac Léon, Harris et Compagnie pour le tirer de sa mauvaise posture et lui trouver une solution acceptable.

On lui suggéra alors les réformes des finances comme base d'une nouvelle organisation du pays et comme unique moyen de résoudre les difficultés de l'heure.

Mais, si Moulay Abdelaziz, avant de prendre toute décision, avait pris la peine de méditer les vérités ci-après de Montesquieu, il n'aurait pas commis, à la légère, la grosse faute qui a complété le désordre dans son pays. «On n'offense jamais plus les hommes, dit Montesquieu, que lorsqu'on choque leurs cérémonies ou leurs usages. Cherchez à les opprimer, c'est quelquefois leur donner une preuve de l'estime que vous en faites. Choquez leurs coutumes, c'est toujours une marque de mépris (1).

Le jeune sultan a donc exécuté servilement les conseils qu'on lui a inspirés. Et, sans aucune forme de procès, il a décrété, du jour au lendemain, le fameux « tertib » dont voici le texte *in extenso* (traduction) :

Texte du « tertib »

« A la suite de leur ambassade en Europe, les quatre ministres (Aldelkerim ben Sliman, Menabhi R'aruot, Rokina), par suite de leur inimitié sourde, du désir qu'avait chacun d'eux de s'arroger l'autorité, de faire le premier ce que voulaient faire les autres et de ne laisser à aucun d'entre eux le gouvernement ni les affaires du Makhzen, auxquelles tous doivent concourir, tombèrent d'accord, après une longue délibération, sur la nécessité de priver celui d'entre eux qui recevrait une *tonfidha* du sultan, une gratification de quelque nature que ce fût, ou un présent d'après les règles du pouvoir souverain. Ils décidèrent de lui infliger, en raison de son manquement (à leur convention), une punition qu'ils décideraient eux-mêmes et de l'éloigner du gouvernement conformément au serment qu'ils avaient prêté. Ils résolurent d'astreindre tous les fonctionnaires du gouvernement chérifien à prêter ser-

1. Montesquieu. *Grandeur et décadence des Romains*, IX.

ment, sur le Coran, d'accomplir loyalement leur service, de ne pas divulguer les secrets de l'État, ou de les trahir, et de ne pas recevoir d'argent ni de cadeau de qui que ce soit d'entre leurs administrés. Tous ceux qui furent investis d'une autorité quelconque durent prêter ainsi le serment de ne pas continuer les exactions qu'on leur reprochait auparavant, et tous les « pachas », « oumana » et « qadis » du Maroc se rendirent à cette prescription.

« Ils tombèrent ainsi d'accord sur la promulgation du Tertib, sur le Consul de l'Angleterre. Ce procédé fiscal consiste à dresser un recensement de la population, « chorfa » et plébéiens, riches et pauvres, militaires et civils, à évaluer la fortune de chacun en « Zaniga » de labour, en moutons, chevaux, mulets, ânes et arbres, puis à établir les impositions suivantes :

Soc de charrue à cheval ou à mule	10 douros par an,	
Soc à bœuf	5	—
Soc à âne	2 1/2	—
Chameau	1	—
Mule et âne	1/4	—
Génisse	1/4	—
Chèvre	5 oukyas par an,	
Palmier	1/2 douro par an,	
Vache et taureau	1/2 douro par an,	
Agneau	7 oukyas (0,25),	
Olivier	5 douros par an,	

« Arganier (arbre particulier au Sous el Aqça et dont on extrait une huile semblable à l'huile d'olive, mais bien supérieure) deux douros 1/2.

« Vigne et figuier 1 douro 1/4.

« Tout arbre jeune, produisant des fruits d'été comme le prunier, le pommier, etc., 1 douro 1/4. »

Ils désignèrent dans chaque tribu, pour faire la statistique de ce qu'elle contenait, des choses énumérées ci-dessus, un amin et, avec lui, deux *adouls*, pour témoigner de la fortune de chaque individu et l'inscrire sur un registre (daftar) ; l'amin avait comme traitement six douros par jour, pris sur le trésor. Il y eut donc un grand nombre d' « Oumana » et d'adoul qui voyagèrent à travers le Maroc pour établir cette comptabilité dans toutes les tribus, jusqu'à ce qu'ils eurent fini d'évaluer le total de l'amala de chaque gouverneur, dans son registre particulier. Après cela, ils partagèrent cette somme en deux parts et prescrivirent aux habitants d'en payer la moitié au bout de six mois et l'autre moitié à la fin de l'année, à partir du jour de la répartition.

On devait procéder ainsi chaque année.

« Cette mesure fut approuvée par la population écrasée auparavant par les exactions des caïds, les contributions qu'elle devait payer chaque mois, parfois chaque semaine, pour toutes sortes de raisons, pour les commissions du sultan, pour la justice qui se payait, pour les punitions injustes et indignes de voir ces caïds conserver tout cet argent pour eux et pour les grands vizirs qui les avaient nommés, pour leurs protecteurs et les grands de l'Empire, qui, après cela fermaient les yeux sur leurs inactions : tout cela était évidemment de mauvaise administration et tout à fait contraire à la religion.

« Mais il était aussi de mauvaise administration d'établir ce tertib. Comme le firent ces hommes d'État, ainsi que nous l'avons dit, avant que les représentants étrangers fussent tombés d'accord à ce sujet parce qu'il est parfaitement au courant des affaires du Maroc. Cette mesure causera un rapprochement des musulmans et des étrangers, parce que ceux qui sont protégés par les puissances ne paient pas et que le peuple se soucie fort peu de la religion lorsqu'il s'agit de sauvegarder les biens de ce monde.

« Si nous avons dit qu'on avait approuvé le *tertib*, c'est uniquement parce que chacun juge d'après son propre intérêt et que d'autre part, chaque jour voit augmenter l'impôt. Mais il ne faut pas oublier que tout ce qui n'est pas conforme à la loi du Prophète est mauvais, et l'ignorant seul peut l'approuver. Si ceux-ci connaissent les obligations qui découlent de la loi, ils seraient froissés de la promulgation de ce tertib et ne l'approuveraient pas...

« La loi religieuse, en effet, n'ordonne de payer que le zekkat, pour celui qu'elle désigne, qui a de l'argent, des animaux et autres choses, grains, huile, etc., mais celui qui n'atteint pas la limite fixée par la loi, n'est pas obligé de le payer. Le tertib, au contraire, oblige celui qui n'a qu'une brebis, par exemple, à payer, et, parmi les Marocains, il y en a beaucoup qui, conformément à la loi économique, ne devraient pas payer, et qui en vertu du tertib seront lésés. Bien plus, tous ceux qui ont été désignés par le passage du Coran relatif au zekkat comme devant payer l'impôt, seront aussi opprimés, et voici pourquoi : le contribuable qui possède 40 moutons doit payer 40 fois 7 oukya, tandis qu'en vertu de la loi coranique il ne paierait qu'un mouton. Le prix du mouton peut être égal à cette somme ; il peut aussi être supérieur ou inférieur, s'il est supérieur le gouvernement perdra sur ce qu'il devait toucher auparavant. Mais où le contribuable est opprimé, c'est lorsqu'il a 120 moutons, car, en vertu de la loi coranique il ne doit payer jusque-là qu'un mouton, tandis que d'après le système du tertib, il devra payer six douros. Il en est de même pour le propriétaire de chevaux, de mules, d'ânes, de bœufs en nombre inférieur à 30, d'arbres fruitiers et autres choses, sur lesquels la loi religieuse n'impose pas de zekkat : tous seront lésés.

« Personne n'en sera dispensé : il est clair que les sujets de l'Empire seront opprimés : c'est une cause de décadence et de ruine. Le trésor des musulmans ne sera rempli que de larmes puisqu'on aura arraché cet impôt par la force ; il ne sera jamais pur ni béni. Celui qui exige de ses sujets plus que ne prescrit la loi est comme celui qui arrache de la terre des fondations de sa maison pour la déposer sur sa terrasse ; agissant ainsi, il doit savoir que sa maison s'écroulera un jour ou l'autre. C'est ainsi que ces gens s'imaginent qu'il y a un bénéfice pour le trésor et pour les musulmans. Cependant, ce qui n'est pas bon, en vertu de la Souna, ne peut être bon pour Dieu. Les Khalifes et les rois musulmans qui suivaient les enseignements de la Souna, étaient toujours vainqueurs, ils possédaient de vastes Etats, leur gloire était bien établie et leurs victoires nombreuses, leurs noms sont restés consignés dans les annales; ils ont gagné à la fois les deux demeures ; celle d'ici-bas et celle du monde futur. Comparez ceux-là avec ceux qui ne se conforment pas aux exigences de la loi, comme pour les taxes fiscales, se livrant à des expédients et à un quémandage mesquin bien qu'ils sachent très bien ce que la loi oblige à payer comme zekkat, pour chacun, afin de remplir le trésor des musulmans. »

SECTION IV

Des conséquences du « tertib » de 1901

Ce « tertib » émanant de la collaboration des infidèles avec quelques membres du Makhzen faisait table rase de toute conception religieuse. Il stipulait, en effet, comme nous venons de le voir, que tous les impôts étaient abolis et remplacés par les suivants : un impôt sur les attelées de labour : un douro pour deux ânes ou deux mules labourant ensemble : un douro par chameau, un demi-douro par cheval, par âne ou bœuf, etc. ; un impôt sur la bête à cornes et un impôt sur les arbres fruitiers.

Évidemment s'il avait pu être appliqué, cet impôt substitué au système compliqué que nous avons exposé, aurait été, pour les Marocains, l'impôt idéal sur le revenu. Tous les autres impôts étant supprimés, cet impôt unique aurait été moins lourd pour le peuple que les anciens impôts ; mais il ne comportait pas de minimum, tandis que, dans l'impôt religieux au-dessus de neuf chameaux, on ne paie rien.

Cette réforme provoqua cependant, chez le peuple, une véritable révolution ; elle avait été notifiée par des lettres envoyées aux caïds pour qu'ils en donnassent communication à leurs administrés, et, dans ces lettres, il était dit : « Vous n'aurez plus à payer aucun impôt aux caïds. » C'était de la part du sultan une nouvelle imprudence et une nouvelle maladresse. Du même coup, en effet, il avait ébranlé le peu d'autorité qu'avaient gardé ses subordonnés auxquels les contribuables ne voulaient plus rien payer.

D'autre part, ces réformes furent d'autant plus mal reçues par le peuple qu'elles étaient inspirées d'un caractère trop libéral pour le pays et surtout anticlérical. Et ce caractère était sa condamnation radicale et absolue. Nous avons vu, en effet, que les Chorfa bénéficiaient de certains privilèges. Ils payaient l'aumône légale pour ce qui leur appartenait en propre ; mais d'un autre côté ils percevaient le zekkat et l'achour, ainsi que toutes les redevances sur les gens de leurs « Azib ». Ces derniers sont bien sujets du sultan, mais ils ont été constitués, par lui, vassaux du Chorfa, des descendants du prophète comme lui, et qu'il a substitués à tous ses droits sur ces musulmans.

Le « tertib » soumettait, cependant, tous les sujets du sultan indistinctement au nouvel impôt. Abdelaziz, par son manque de tact et de prévoyance, a refoulé aux pieds et sans aucune transition, les privilèges séculaires de la noblesse religieuse. Les intéressés profitèrent pour mener, contre lui une campagne acharnée. Les « oulemas, » les « chorfas » et les caïds expliquèrent au peuple par $a + b$ l'illégalité flagrante de la nouvelle réforme : le taux de la zekkat se trouvait augmenté, l'achour était bouleversé. On calculait déjà suivant le « tertib », une somme d'argent pour chaque attelée de labour, tandis qu'autrefois on versait une part fixe de la récolte, soit en nature (comme dans la circonscription de Fez) soit en argent. La vieille purification de la récolte par l'abandon de son dixième n'existait donc plus ; c'était comme si l'on avait décrété l'abolition de la prière ou du jeûne. En un mot c'était la violation flagrante des « piliers » de la religion qui étaient en jeu.

D'autre part, il n'y avait pas que le peuple marocain qui avait refusé d'accepter le règlement de 1901. La France, particulièrement a demandé, elle aussi, de réfléchir avant d'adhérer à ce règlement qui lésait, en effet, ses protégés d'ouazzan. Et, ce n'est que le 26 novembre 1903 qu'elle s'est décidée à y adhérer définitivement et le « tertib » accepté par toutes les puissances put être promulgué. Mais cette promulgation demeura lettre morte et fut plutôt platonique que réelle. En effet, par suite de l'état d'anarchie dans lequel se trouvait en ce moment le pays, le « tertib », n'a jamais pu être appliqué. Si bien que le sultan, constatant enfin l'échec de son projet résolut de l'abandonner et de revenir aux impôts coraniques. Mais, c'était un peu tard. En effet, depuis trois ans déjà, les tribus étaient habituées à ne plus payer aucun impôt et à ne plus obéir à leurs caïds.

D'autre part, comme inévitables conséquences de tels bouleversements, l'agitation se développait dans les montagnes berbères et l'insurrection de Bou Hamora exigeait des sommes considérables qu'il fallut se procurer coûte que coûte. C'est dans ces conditions que la question d'emprunt à contracter à l'extérieur s'est posée.

SECTION V

Des Emprunts marocains

Nous venons de voir que le fameux « tertib » a complètement remué le pays. Pour parer à cet état de choses, le sultan décida de recourir aux emprunts.

Il est vrai de dire qu'il a déjà existé un emprunt marocain pour payer l'indemnité due à l'Espagne après la guerre de 1860, le Makhzen fut obligé de recourir à une combinaison financière ; en janvier 1862, à la suite d'une convention avec le gouvernement anglais, le Makhzen emprunta à Londres à la maison de Robinson et Flining une somme de 500.000 livres. Cet emprunt était amortissable à raison de 5 °/. l'an. Le paiement des intérêts et l'amortissement de cet emprunt étaient garantis par 5 °/. du produit des douanes des ports marocains et le gouvernement anglais nomma des commissaires spéciaux pour percevoir des droits de douanes : deux fois par an ces commissaires remettaient aux banquiers avec lesquels l'emprunt avait été contracté une somme suffisante pour le paiement des intérêts et pour l'amortissement de l'emprunt lequel avait lieu par tirage au sort et remboursement au pair. Les sommes restant disponibles après le prélèvement nécessaire pour le service des intérêts et de l'amorlissement devaient être restituées au gouvernement marocain. L'Espagne, de son côté, nomma des commissaires pour percevoir 50 °/. du produit des douanes marocaines. Ce double contrôle dura pendant plus de trente ans jusqu'en 1882, date à laquelle l'emprunt contracté à Londres fut complètement amorti. Le contrôle espagnol ne cessa qu'en 1887 après le paiement intégral de l'indemnité de guerre. Cette administration étrangère eut pour résultat une augmentation considérable du produit des douanes marocaines.

A la suite de la Guerre du Rif, en 1894, le Maroc dut de nouveau payer à l'Espagne une indemnité de 20 millions de pesetas. Il était stipulé d'une part, que l'Espagne ne pourrait mettre la main sur les recettes des Douanes qu'en cas de non-paiement ou de retard dans le paiement de l'indemnité, d'autre part, que le Maroc ne pourrait, cette fois, contracter, pour s'acquitter, un emprunt garanti par les douanes, cela afin de déjouer les projets anglais. L'indemnité fut payée intégralement par Moulay el Hassan peu de temps avant sa mort.

Vers la fin de janvier 1903, le sultan Moulay Abdelaziz, qui éprouvait de pressants besoins d'argent créés par la nécessité de se procurer des armes et de payer des combattants pour en finir avec la révolte de Bou Hamora, s'est décidé à faire appel au crédit et a négocié, par l'intermédiaire de la Maison Goustch de Tanger, avec les Banques parisiennes parmi lesquelles la Banque de Paris et des Pays-Bas, une avance de 7.500.000 francs portant intérêt à 6 °/ₒ remboursable en dix ans et garantie par les recettes des douanes de Tanger. Le produit de cette somme devait être employé à l'achat de 40.000 kilogrammes d'argent pour la frappe. En dehors de cet emprunt contracté en France, le sultan a, à ce que l'on prétend, traité avec des banquiers de Madrid pour un emprunt de 10.000.000 de pesetas et avec une maison de Londres pour un emprunt de 7.500.000 fr.

Puis, les emprunts devenant difficiles, c'est la série des émissions de monnaie (azizi), les prêts obtenus en les gageant sur cette monnaie nouvelle pour la valeur seulement de son métal argent (janvier 1904, livre jaune, 1905, nᵒˢ 135-137). Mais comme les bénéfices escomptés sont diminués de toute la dépréciation que subit cette monnaie et comme le change menace le pays d'une ruine économique à brève échéance, un nouvel et sérieux emprunt devient indispensable, coûte que coûte : Par l'entremise de la France, on négocie cet emprunt avec la Banque de Paris et des Pays-Bas, représentant un consortium de banques françaises (livre jaune, 1905, nᵒˢ 138, 140, 169, 170). Cet emprunt du 12 juin 1904 du montant de 60 millions et demi, 5 °/ₒ, remboursable en trente-six ans et après ferme à 80 °/ₒ, a comme garantie privilégiée la totalité du produit des douanes (et en cas d'insuffisance, tous les revenus du Maroc, sur lesquels chaque jour on prélève 60 °/. pour le service de l'emprunt. Un délégué général des porteurs, par ses agents installés à chaque port, opère ce prélèvement et exerce le droit de contrôle et d'enquête sur les services de la douane. Le consortium obtient en outre un droit de préférence pour les emprunts futurs (à égalité de conditions), pour l'achat ou la vente de l'or et de l'argent et pour la frappe de monnaie ainsi qu'une promesse de Banque d'État. Ces 62 millions et demi ne procurent d'ailleurs au Trésor que 25 millions et demi, puisque 22 millions et demi servent à rembourser les emprunts antérieurs, deux millions et demi n'ont été pris ferme qu'à 8 °/.. Aussi, le sultan, de nouveau à court d'argent en 1905, négocie avec des banques allemandes un emprunt de 10 millions de marks à 6 °/. (août 1905). Cette opération, conclue en violation, par le Sultan, de l'article 33 du contrat d'emprunt de 1904 (droit de préférence du consortium) et en violation non moins flagrante par l'Allemagne des engagements réciproques, pris à l'accord franco-allemand du 10 juillet 1905, de s'interdire toute politique active à Fez, jusqu'à la Conférence, fit l'objet de longues négociations entre Paris et Berlin, l'Allemagne soutenant que ce n'était pas un véritable emprunt, mais une avance de banque en compte-courant et de courte durée. L'accord du 28 septembre 1905 reconnait au consortium français le droit d'y participer pour moitié, et d'y intéresser les banques espagnoles et anglaises (livre jaune, 1905, n° 296-299 ; 301-304 ; 306-307 ; 309-310 ; 351-352).

Au total, le Maroc se trouvait ainsi grevé à la fin de 1905 d'une dette publique de 75 millions de francs, en l'espace de trois ans.

Depuis le sultan a eu recours à l'emprunt : deux millions en 1906. Mais le plus important est celui de mai 1910. A raison de sa grande importance nous croyons devoir citer les principaux articles de son contrat.

Extrait du contrat de l'emprunt marocain de 1910.

Article premier

Le montant nominal de l'emprunt est fixé à 101.124.000 francs. Reichsmacks 81.910.440 francs ; pesetas espagnoles 101.124.000 francs.

Cet emprunt constitue un engagement direct du trésor du Gouvernement impérial du Maroc.

Il recevra la dénomination de : emprunt 5 °/. 1910 gagé par le solde disponible des droits de douane, le produit du monopole des tabacs et du kiff, les revenus des mostafed dans les ports et les zekkat, les revenus des biens domaniaux et la part de la taxe urbaine revenant au Makhzen.

Art. 2

Cet emprunt sera représenté par 202.248 obligations au porteur d'un montant nominal de 500 francs = 405 reichsmarks = 500 pesetas espagnoles.

Art. 3

Les obligations recevront un intérêt de 5 °/. de leur montant nominal payable en deux parties égales contre des coupons semestriels aux échéances des 1er août et 1er octobre de chaque année d'un montant nominal de 12 fr. 50 = Rm. 10,125 = Pes. esp. 12,50.

Chaque coupon est payable, au gré du porteur : à Tanger, à la Banque d'État du Maroc, à la parité des francs calculée au change à vue sur Paris ; à Paris, en francs ; à Berlin et à Francfort-sur-Mein en reichsmarks ; à Madrid, en pesetas espagnoles ; aux Caisses qui seront désignées par la Banque d'État du Maroc.

L'échéance du premier coupon est fixée au 1er octobre 1910. Il sera exceptionnellement de 8 fr. 35 et parités correspondantes.

Art. 4

L'amortissement de l'emprunt se fera en soixante-quatorze années, lesquelles commenceront à courir du 1er octobre 1911 pour prendre fin le 1er avril 1985 ; il sera procédé par tirages au sort semestriels suivant un tableau imprimé au verso des titres, qui comportera 148 semestrialités égales, comprenant l'intérêt et l'amortissement.

Les tirages auront lieu par les soins de la Banque d'État.

Le premier tirage aura lieu le 1er août 1971

ART. 5

Les obligations sorties au tirage ou appelées au remboursement seront payées à leur valeur nominale au gré du porteur, à Tanger, à la Banque d'État du Maroc, à la parité des francs calculée au change à vue sur Paris ; à Paris, en francs ; à Berlin et à Francfort-sur-Mein, en reichsmarks ; à Madrid, en pesetas espagnoles ; aux caisses chargées du service des coupons. Le remboursement des obligations sorties au tirage s'effectuera à l'échéance du premier coupon qui suivra le dit tirage.

Le premier remboursement aura lieu le 1er octobre 1911 et le dernier le 1er avril 1985.

Les listes des numéros sortis aux tirages seront publiées par les soins de la Banque d'État du Maroc dans un journal de Tanger et deux journaux de chacune des places où les titres et coupons seront payables. Cette publication rappellera les numéros des titres sortis aux tirages antérieurs et non remboursés.

Toute obligation dont le numéro est sorti et qui sera présentée au remboursement devra être munie de tous les coupons non échus à la date fixée pour le remboursement ; dans le cas où il en manquerait un ou plusieurs, leur montant serait déduit du capital à payer au porteur.

Art. 6

Les coupons payés et les titres amortis seront annulés par les soins de la Banque d'État et tenus à la disposition du gouvernement impérial.

Art. 7

Le Gouvernement impérial s'interdit de rembourser le présent emprunt et d'en augmenter l'amortissement avant un délai de quinze ans à compter du premier remboursement d'obligations amorties, soit avant le 1er octobre 1926.

A l'expiration de ce délai, il aura le droit s'il le juge convenable, de rembourser le dit emprunt en totalité ou d'en augmenter l'amortissement sous condition d'en avoir donné avis par écrit à la Banque d'État trois mois à l'avance.

Cet avis sera publié, sans retard, par la Banque d'État dans les conditions prévues à l'article 5.

En cas de conversion du présent emprunt, des Banques seront désignées en France, Allemagne et Espagne pour cette opération, qui se fera aux mêmes conditions dans les trois pays

Art. 11

Le présent emprunt est garanti spécialement et irrévocablement par préférence et priorité à tous les autres emprunts :

1° Par le produit net des droits de douane, tant à l'entrée qu'à la sortie, de tous les ports de l'empire existant ou à créer, pour la partie qui ne serait pas nécessaire au service de l'emprunt 1904, à la garantie duquel la totalité du produit des dits droits de douane a été affectée, et sous réserve expresse de tous les droits appartenant aux porteurs des titres de l'emprunt 1904, en vente du contrat du 12 juin 1904 qui régit cet emprunt ; 5 % du produit défini au présent paragraphe sont réservés au Makhzen qui en aura la libre disposition ;

2° Par toutes les sommes pouvant revenir au Makhzen du chef :

a) Du produit des tabacs et du kiff (le monopole de leur exploitation sera constitué par le Makhzen conformément aux stipulations de l'article 16 ci-après) ;

b) Des revenus des Mostafed dans tous les ports et des Zekkat.

c) Des revenus des biens domaniaux dans tous les ports et dans un rayon de 10 kilomètres autour de ces ports ;

d) De la portion revenant au Makhzen dans le produit de la taxe urbaine.

Les produits des douanes et des revenus ci-dessus sont affectés concurremment à la garantie du présent emprunt et ils seront encaissés et versés au compte du dit emprunt à la Banque d'État sous déduction des frais de gestion, dans les conditions déterminées ci-après.

En ce qui concerne spécialement le produit des douanes dont la totalité est affectée par priorité et préférence au service de l'emprunt 1904, toute diminution ou cessation du prélèvement pour le service du ditemprunt 1910, par suite de son amortissement, sa conversion, son remboursement, ou toute autre cause, viendra en augmentation du gage affecté au présent emprunt 5 °/. 1910.

En conséquence, lorsque l'emprunt de 1904 aura été intégralement remboursé, la totalité du produit des douanes sera affectée par priorité et préférence à la garantie du présent emprunt, et, sur ce produit, il sera prélevé le montant annuel nécessaire au service du dit emprunt dans les conditions indiquées à l'article 17.

Art. 14

En conséquence, en ce qui concerne le produit des douanes, le représentant des porteurs de titres qui, en sa qualité de Représentant des porteurs de titres de l'emprunt 1904, en vertu du contrat relatif à cet emprunt, fait encaisser journellement, dans chaque port, par ses délégués, 60 °/. du produit des douanes, fera désormais, et à compter de la mise en vigueur du présent contrat, encaisser l'intégralité de ce produit, sous déduction de 50 °/. sur la partie de ce produit qui ne serait pas nécessaire au service de l'emprunt 1904 ; ces 5 °/. étant réservés au Makhzen, conformément à l'article 11.

Après remboursement intégral de l'emprunt 1909 le représentant des porteurs de titres de l'emprunt 1910, jouissant des mêmes droits et pouvoirs que ceux actuellement conférés au représentant des porteurs de titres de l'emprunt 1904, encaissera l'intégralité du produit des douanes pour le compte des porteurs de l'emprunt, sous déduction des 5 °/. réservés au Makhzen.

Art. 15

Toutes sommes revenant au Makhzen du chef des produits autres que les douanes, tels qu'ils sont spéciflés à l'article 11, seront versés à la Banque d'État au compte de l'emprunt 1910, par l'intermédiaire de l'Administration du contrôle avec le concours du représentant des porteurs de titres.

Art. 16

En ce qui concerne spécialement le produit du monopole des tabacs et du kiff, il est stipulé que le Gouvernement impérial devra constituer ce monopole et en adjuger la concession dans le plus bref délai possible.

Le fermier du monopole versera à l'Administration du contrôle aux échéances stipulées par son cahier des charges, le produit du fermage lequel est affecté au gage du présent emprunt. Les dispositions utiles seront insérées au dit cahier des charges.

Si, pour quelque cause que ce soit, le gouvernement marocain substituait au régime de fermage le régime de l'exploitation par voie de régie, l'Administration du contrôle serait chargée par préférence de cette exploitation ; une entente interviendrait à ce moment entre le Makhzen et ladite administration et si elle renonçait à exercer ce privilège, elle aurait le contrôle de la régie.

En tout cas, quel que soit le régime adopté et jusqu'à complet remboursement du présent emprunt, les produits de l'exploitation des tabacs et du kiff revenant au Makhzen seront versés à la banque d'État au compte de l'emprunt 1910 dans les conditions stipulées à l'article 15.

Art. 21

Afin d'assurer l'exactitude du paiement des semestrialités, le Gouvernement impérial autorise d'ores et déjà la Banque d'Etat à prélever sur le produit de l'emprunt une somme de 2.600.000 francs qui restera déposée entre ses mains à titre de réserves jusqu'au remboursement intégral de l'emprunt. Dans le cas où le montant intégral d'une semestrialité ne serait pas entre ses mains un mois avant l'échéance semestrielle, la Banque d'État, en attendant le versement complémentaire que le Gouvernement impérial s'est engagé à effectuer, ainsi qu'il a été dit à l'article 20, aura le droit d'opérer sur cette réserve, sans aucun préavis, un prélèvement suffisant pour compléter la provision nécessaire à la semestrialité.

Toutefois, ce prélèvement ne modifie en rien l'obligation du Gouvernement impérial de parfaire chaque semestrialité au moyen de toutes ses ressources, en cas d'insuffisance du produit des revenus affectés au service de l'emprunt, etc.

Art. 26

La Banque d'État est d'ores et déjà chargée par le Gouvernement impérial d'effectuer les paiements spécifiés à l'article 25 sur la présentation de mandats ou ordres signés par le ministre des Finances et d'en recevoir bonne et valable quittance sans qu'il en puisse résulter aucune responsabilité pour la dite banque.

L'emprunt étant contracté en francs, les frais résultant des paiements effectués autrement qu'en francs, y compris les frais de change, seront à la charge du Gouvernement impérial.

En ce qui concerne les provisions dès que les fonds de l'emprunt seront disponibles, le montant de chacune d'elles sera porté de suite à un compte spécial et la Banque d'État ne disposera de ces fonds que sur mandats de paiement émis en conformité des arrondissements y relatifs.

La Banque d'État bonifiera au Makhzen un intérêt de 2 % sur les sommes disponibles figurant à ces comptes provisions et, en fin d'année, le montant de ces intérêts sera porté au crédit du compte de l'emprunt 1910 pour concourir au service de l'exercice suivant.

Art. 27

La Banque d'État se réserve la faculté d'émettre ou de faire émettre en souscription publique ou autrement le montant de l'emprunt soit 101.124.000 fr. divisé en 202.248 obligations, et ce, aux époques, clauses et conditions qui lui conviendront.

Art. 28

Il est entendu que sur le montant net de l'emprunt soit de 90.000.360, une première partie de trente millions de francs sera disponible aux fins des affectations indiquées à l'article 25, quinze jours après la date fixée par la Banque pour l'émission du présent emprunt et le solde un mois après la réalisation de l'emprunt.

Art. 31

A l'expiration de la durée de la Banque d'État du Maroc, si cette durée n'est pas prorogée, ou en cas de dissolution anticipée, tous les droits et obligations appartenant à la Banque d'État du Maroc du chef de l'emprunt seront transférés à la Banque qui sera désignée par les liquidateurs spécifiés à l'article 61 des statuts de la Banque d'État : la Banque ainsi désignée assurera le service du dit emprunt dans les mêmes conditions que la Banque d'État du Maroc, telles qu'elles sont spécifiées au présent contrat.

CHAPITRE II

Des Réformes d'Algésiras.

Il fallait consolider et accroître les sources de revenus existantes du Gouvernement marocain, et, si possible d'en créer de nouvelles pour faire face aux réformes toujours onéreuses au début.

La Conférence, sans méconnaître l'urgence de remèdes, ne se laissa néanmoins pas entraîner à la refonte du système fiscal telle que la projetaient les délégués marocains. Ceux-ci, trop naïfs, espéraient, par certains impôts nouveaux qu'ils proposaient sur tous les commerces et industries présents et futurs, faire supporter aux Européens une partie des charges de leur pays. Elle refusa d'abord de prendre parti dans la question d'ensemble de la fiscalité marocaine autrement que par des conseils et des précautions : sur la question capitale du « tertib » ou des impôts anciens, elle laisse le sultan complètement maître et libre d'en décider. Elle renouvelle seulement pour le cas de mise en vigueur du tertib les conditions du règlement 1903 pour son application aux Européens et protégés, et en profite pour préciser et étendre le droit des étrangers à l'achat de propriété au Maroc, droit de l'article 11 de la Convention de Madrid, illusoire jusqu'ici.

Sans donner autrement suite aux suggestions marocaines de taxes sur les postes, télégraphes, l'électricité, etc., la Conférence consentit cependant quelques impôts nouveaux de très peu d'importance. Mais ces petites concessions sont plutôt théoriques, et en tous cas, elles sont soumises, pour le jour où la réalisation s'en produirait, à des conditions strictes d'application et d'affectation (1). Tous ces impôts jusqu'ici éventuels, ne s'appliqueront aux Européens qu'autant que les Marocains (qui supportent déjà les lourds impôts que nous avons vus) dans les mêmes cas, les acquitteront réellement aussi ; du reste la plupart ont une affectation spéciale déjà déterminée, à des services et à des travaux municipaux ou locaux (2). Par conséquent, ces taxes nouvelles, jusqu'à présent platoniques, le jour où elles fonctionneront, n'iront pas en masse et sans garantie au Trésor chérifien.

Il fallait donc lui procurer, dans un autre domaine, l'aide indispensable qu'il réclamait. Convaincue

1. Principe d'une taxe sur les constructions urbaines, de taxes sur certaines industries, professions ou commerces, de droits de timbres sur contrats et actes authentiques, de droits de mutations, de droits de statistique et de pesage, de droits de quais et phares, etc.

2. Acte général d'Algésiras, art. 61, 65.

qu'un seul revenu était utilisable et sûr, les douanes, tant pour accroître les ressources de Sultan que pour avancer les réformes, la Conférence consacra ses soins à une revision des tarifs douaniers (1) et à une réorganisation de l'administration douanière dans le sens de l'exact paiement des droits et de la répression de la fraude et de la contrebande (2). Les recet-

1. Création d'une surtaxe spéciale de 2, 5 °/₀ *ad valorem* (art. 66) sur les produits importés, mais avec affectation spéciale de ce revenu aux travaux si urgents des ports pour y améliorer les conventions du commerce et de la navigation et gestion en un compte distinct par la Banque d'État ; 2° Diminution des droits d'exportation sur certaines marchandises (art. 67) ce qui augmentera le trafic ; 3° Facilités pour l'exportation du bétail (art. 68) et pour le cabotage (art. 69) ; 4° Revision promise des droits d'ancrage et de stationnement (art. 70).

2. Toute une série de mesures adoptées (art. 77-105 de l'acte) tendant à prévenir et à réprimer les fraudes et la contrebande douanière et par conséquent à ne pas laisser frustrer les caisses de la douane : 1° nécessité du dépôt par tout navire et dans les vingt-quatre heures d'une copie de son manifeste, très détaillé, sous peine de sanctions sévères (amendes, saisies) ; 2° nécessité de faire une déclaration également très détaillée sur espèce, qualité, poids, nombre, mesure, valeurs des marchandises, sous peine de doubles droits et de confiscation ; 3° réglementation du cabotage : un certificat de sortie ou la consignation des droits, selon la marchandise ; 4° réglementation du paiement des droits : mode d'estimation, fixation des valeurs par une « commission des valeurs » en douanes qu'on crée ; 5° haute surveillance sur le fonctionnement des douanes par « Comité des Douanes » ; 6° prix en charge par la Douane des marchandises remises à ses magasins et sa responsabilité : 7° répartition entre le Trésor, les indicateurs et les agents ayant opéré, des produits de la vente des marchandises saisies.

tes du Trésor s'en trouvent sûrement améliorées ; et celui-ci se voit déchargé en tous cas d'une partie des travaux d'aménagement des ports puisqu'ils s'exécuteront à l'aide du produit de la surtaxe douanière spéciale.

Ces améliorations douanières eussent été incomplètes et inefficaces sans le couronnement apporté par la Conférence, la création d'une Banque d'État. Le fonctionnement de cet organisme si indispensable procurera assez rapidement un assainissement de la situation monétaire et contribuera au relèvement du pays en régularisant les pratiques fiscales et financières du sultan et en lui fournissant les moyens d'engager les réformes.

Voyons maintenant quel rôle peut avoir la Banque marocaine d'après la Conférence d'Algésiras.

SECTION I

De la Banque marocaine

La discussion à la Conférence d'Algésiras sur l'institution de la Banque marocaine a été très longue et très chaude.

Dès le début de cette discussion deux projets furent soumis à la Conférence, l'un allemand et l'autre français.

L'Allemagne, par la voie de son délégué, le comte

de Tattenbach, a présenté un rapport qui faisait de la Banque d'État, au lieu d'un établissement financier, une machine de guerre politique contre l'influence et les droits de la France. Égalité absolue entre toutes les Puissances ; silence pur et simple sur les droits du consortium ; refus d'adopter la législation française ; fixation à Tanger du siège social ; constitution du capital en pesetas, subordination du conseil d'administration composé de 20 membres à un conseil de surveillance constitué par le corps diplomatique ; affectation des recettes douanières à la banque en déduisant « peut-être » la somme nécessaire au service de l'emprunt de 1904 : tels étaient les traits caractéristiques de ce projet, qui financièrement complexe en pratique n'avait de signification que contre la France.

Comme contre-projet, la France, par la voie de son délégué, M. Révoil, proposa, sans entrer dans les détails administratifs où se perdait le projet allemand, que la Banque d'État, constituée au capital de 15 millions de francs, fût chargée, comme agent financier du Gouvernement marocain, des opérations de caisse et de trésorerie, ainsi que des opérations monétaires. Son capital devait être divisé en quinze parts, dont douze aux puissances et quatre aux établissements contractants de l'emprunt de 1904. En échange de ces quatre parts, les établissements céderaient à la Banque d'État leurs droits de préférence pour les emprunts et opérations monétaires (art. 33 du contrat du 12 juin 1904). Le conseil d'administration se composerait de quinze membres, à raison d'un par port et serait élu dans ces conditions par l'assemblée générale des actionnaires. Il nommerait le directeur et les sous-directeurs. Un comité international d'escompte et un haut commissaire marocain siégeant l'un et l'autre à Tanger représenteraient les organes de surveillance. La Banque serait constituée sous le régime de la loi française et placée dans les conditions de juridiction et de compétence fixées au Maroc par les Capitulations. Tous les emplois seraient également accessibles aux ressortissants de toute nationalité (1).

La discussion très rapidement, s'était concentrée sur les traits du consortium français, sur la valeur que la cession de ces droits devait représenter pour la Banque. On se souvient que ces droits étaient les suivants.

1° Garantie générale de l'emprunt de 1904 sur la totalité du produit des douanes (art. 11).

2° Affectation spéciale et exclusive au service de l'emprunt de 60 °/. du produit des douanes, cette proportion étant calculée sur des recettes annuelles de 12 millions de pesetas (art. 17) ;

3° Obligation pour le Gouvernement marocain, s'il

1. Tardieu, *Conférence d'Algésiras*, p. 226.

désirait gager un nouvel emprunt sur le solde disponible (40 %) de recettes douanières, de ne refuser le quantum à prendre sur ce solde qu'après entente avec les banques contractantes (art. 32) ;

4° Préférence assurée (à conditions et prix égaux) aux banques contractantes pour la négociation de tout nouvel emprunt (art. 33) ;

5° Nomination d'un délégué des porteurs de titres ayant des employés dans chaque port et possédant droit de prélèvement, d'enquête et de contrôle sur les douanes (art. 12, 16 et 50).

De ces droits, les uns, ceux qui étaient inscrits aux articles 11, 16 et 17, n'étaient point cessibles, car, ils constituaient la garantie inaliénable des obligations ; les autres, au contraire, pouvaient être abandonnés à la future Banque d'État contre une juste compensation : c'étaient ceux de l'article 33.

Mais tandis que M. Regnault soutenait que cet abandon n'était admissible que contre un avantage fait aux établissements dans la constitution du capital de la Banque d'État, le comte de Tattenbach demandait que l'égalité absolue fût maintenue à cet égard entre toutes les puissances représentées à la conférence. Il ne discutait pas le droit du consortium français, il l'ignorait. Ou quand il était mis au pied du mur, il disait : — Vous avez la préférence, soit pour les emprunts, pour la frappe de la monnaie à conditions ou prix égaux. Or, en pareille matière, il n'y a pas d'égalité absolue. Donc votre droit n'a qu'une valeur médiocre.

On n'était pas d'accord non plus sur le régime de la future Banque. Et M. de Tattenbach n'acceptait pas qu'elle fût régie par la loi française (1).

Enfin en dernier lieu la Conférence a voté les articles suivants qui forment aujourd'hui la base même de la Banque marocaine.

***

Texte des statuts de la Banque marocaine. Acte général de la Conférence internationale d'Algésiras.

CHAPITRE III

Acte de concession d'une Banque d'État.

Art. 31

Une banque sera instituée au Maroc sous le nom de « Banque d'État du Maroc » pour exercer les droits ci-après spécifiés dont la concession lui est accordée par Sa Majesté le sultan pour une durée de quarante années, à partir de la ratification du présent acte.

1. Tardieu, *La Conférence d'Algésiras*, p. 183.

Art. 32

La Banque, qui aura exécuté toutes les opérations rentrant dans les attributions de Banque, aura le privilège exclusif d'émettre des billets au porteur, remboursables à présentation, ayant force libératoire dans les caisses publiques de l'Empire marocain.

La Banque maintiendra le terme de deux ans à compter de la date de son entrée en fonctions, une encaisse au moins égale à la moitié de ses billets en circulation, et au moins égale au tiers après cette période de deux ans révolue. Cette encaisse sera constituée pour au moins un tiers en or ou monnaie d'or.

Art. 33

La Banque remplira, à l'exclusion de toute autre banque ou établissement de crédit, les fonctions de trésorier-payeur de l'Empire. A cet effet, le Gouvernement marocain prendra les mesures nécessaires pour faire verser dans les caisses de la Banque le produit des revenus des douanes, à l'exclusion de la partie affectée au service de l'emprunt 1904 et des autres revenus qu'il désignera.

Quant au produit de la taxe spéciale créée en vue de l'accomplissement de certains travaux publics, le Gouvernement marocain devra le faire verser à la Banque, aussi que les revenus qu'il pourrait ultérieurement affecter à la garantie de ses emprunts, la Banque étant spécialement chargée d'en assurer le service, à l'exception toutefois de l'emprunt 1904 qui se trouve régi par un Contrat spécial.

Art. 34

La Banque sera l'agent financier du Gouvernement tant en dedans qu'en dehors de l'Empire sans préjudice pour le Gouvernement de s'adresser à d'autres maisons de banque ou établissements de crédit pour ses emprunts publics. Toutefois, pour les dits emprunts, la Banque jouira d'un droit de préférence, à conditions égales, sur toute maison de banque ou établissement de crédit.

Mais, pour les bons du Trésor et autres effets de trésorerie à court terme que le Gouvernement marocain voudrait négocier sans en faire l'objet d'une émission publique, la Banque sera chargée, à l'exclusion de tout autre établissement, d'en faire la négociation, soit au Maroc, soit à l'étranger, pour le compte du Gouvernement marocain.

Art. 35

A valoir sur les rentrées du Trésor, la Banque fera au Gouvernement marocain des avances au compte-courant jusqu'à concurrence d'un million de francs.

La Banque ouvrira en outre au Gouvernement pour une durée de dix ans à partir de sa constitution, un crédit qui ne pourra dépasser les deux tiers de son capital initial.

Ce crédit sera réparti sur plusieurs années et employé en premier lieu aux dépenses d'installation et d'entretien des corps de police organisés conformément aux décisions prises par la Conférence, et subsidiairement aux dépenses de travaux d'intérêt général qui ne seraient pas imputés sur le fonds spécial prévu à l'article suivant.

Le taux de ces deux avances sera au maximum de 7 %, commission de banque comprise, et la Banque pourra demander au Gouvernement de lui remettre en garantie de leur montant une somme équivalente en bons de Trésor.

Si, avant l'expiration des dix années, le Gouvernement marocain venait à contracter un emprunt, la Banque aurait la faculté d'obtenir le remboursement immédiat des avances faites conformément au deuxième alinéa du présent article.

Art. 36

Le produit de la taxe spéciale (art. 33 et 66) formera un fonds spécial dont la Banque tiendra une comptabilité à part. Ce fonds sera employé conformément aux prescriptions arrêtées par la conférence.

En cas d'insuffisance et à valoir sur les rentrées ultérieures, la Banque pourra ouvrir à ce fonds un crédit dont l'importance ne dépassera pas le montant des encaissements pendant l'année antérieure.

Les conditions de taux et de commissions seront les mêmes que celles fixées à l'article précédent pour l'avance ou compte courant au trésor.

Art. 37

La Banque prendra les mesures qu'elle jugera utiles pour assainir la situation monétaire au Maroc. La monnaie espagnole continuera à être odieuse à la circulation avec force libératoire.

En conséquence, la Banque sera exclusivement chargée de l'achat des métaux précieux, de la frappe et de la refonte des monnaies, ainsi que de toutes autres opérations monétaires qu'elle fera pour le compte et au profit du gouvernement marocain.

Art. 38

La Banque, dont le siège social sera à Tanger, établira des succursales et agences dans les principales villes du Maroc et dans tout autre endroit où elle le jugera utile.

Art. 39

Les emplacements nécessaires à l'établissement de la Banque ainsi que de ses succursales et agences au Maroc, seront mis gratuitement à sa disposition par le Gouvernement et, à l'expiration de la concession, le Gouvernement en reprendra possession et remboursera à la Banque les frais de construction de ces établissements. La Banque sera, en outre, autorisée à acquérir tout bâtiment et terrain dont elle pourrait avoir besoin pour le même objet.

Art. 40

Le gouvernement chérifien assurera sous sa responsabilité la sécurité et la protection de la Banque, de ses succursales et agences. A cet effet, il mettra dans chaque ville une garde suffisante à la disposition de chacun de ces établissements.

ART. 41

La Banque, ses succursales et agences, seront exemptes de tout impôt ou redevance ordinaire ou extraordinaire existants ou à créer ; il en est de même pour les immeubles affectés à ses services, les titres et coupons de ses actions et ses billets. L'importation et l'exportation des métaux et monnaies destinées aux opérations de la banque, seront autorisées et exemptées de tout droit.

ART. 42

Le gouvernement chérifien exercera sa haute surveillance sur la banque par un haut commissaire marocain, nommé par lui, après entente préalable avec le conseil d'administration de la Banque.

Ce haut commissaire aura le droit de prendre connaissance de la gestion de la banque ; il contrôlera l'émission des billets de Banque et veillera à la stricte observation des dispositions de la concession.

Le haut commissaire devra signer chaque billet ou y apposer son sceau ; il sera chargé de la surveillance des relations de la Banque avec le Trésor Impérial.

Il ne pourra pas s'immiscer dans l'administration et la gestion des affaires de la Banque, mais il aura toujours le droit d'assister aux réunions des censeurs.

Le Gouvernement chérifien nommera un ou deux commissaires adjoints qui seront spécialement chargés de contrôler les opérations financières du Trésor sur la Banque.

Art. 43

Un règlement, précisant les rapports de la Banque et du Gouvernement marocain, sera établi par le Comité spécial prévu à l'article 57 et approuvé par les censeurs.

Art. 44

La Banque, constituée avec approbation du Gouvernement de Sa Majesté chérifienne, sous la forme des Sociétés anonymes, est réglée par la loi française sur la matière.

Art. 45

Les actions intentées au Maroc par la Banque seront portées devant le tribunal consulaire du défendeur ou devant la juridiction marocaine conformément aux règles de compétence établies par les traités et les firmans chérifiens.

Les actions intentées au Maroc contre la Banque,

seront portées devant un tribunal spécial, composé de trois magistrats consulaires et de deux assesseurs.

Le Congo diplomatique établira, chaque année, la liste des magistrats, des assesseurs et de leurs suppléants.

Ce tribunal appliquera à ces causes les règles de droits, de procédure et de compétence édictées en matière commerciale par la législation française. L'appel des jugements prononcés par ce tribunal sera porté devant la Cour fédérale de Lausanne qui statuera en dernier ressort.

Art. 46

En cas de contestation sur les clauses de la concession ou de litige pouvant survenir entre le Gouvernement marocain et la Banque, le différend sera soumis, sans appel ni recours, à la Cour fédérale de Lausanne.

Seront également soumises à cette Cour, sans appel ni recours, toutes les constestations qui pourraient s'élever entre les actionnaires de la Banque sur l'exécution des statuts ou à raison des affaires sociales.

Art. 47

Les statuts de la Banque seront établis d'après les bases suivantes par un Comité spécial prévu par l'article 57. Ils seront approuvés par les censeurs et notifiés par l'Assemblée générale des actionnaires.

Art. 48

L'Assemblée générale constitutive de la Société fixera le lieu où se tiendront les Assemblées des actionnaires et les réunions du Conseil d'Administration ; toutefois, ce dernier aura la faculté de se réunir dans toute autre ville s'il le juge utile.

La Direction de la Banque sera fixée à Tanger.

Art. 49

La Banque sera administrée par un Conseil d'Administration composé d'autant de membres qu'il sera fait de parts dans le capital initial.

Les administrateurs auront les pouvoirs les plus tendus pour l'administration et la gestion de la Société ; ce sont eux notamment qui nommeront les Directeurs, sous-Directeurs et Membres de la Commission, indiquée à l'article 54, ainsi que les directeurs de succursales et agences.

Tous les employés de la Société seront recrutés, autant que possible, parmi les ressortissants des diverses puissances qui ont pris part à la souscription du capital.

Art. 50

Les administrateurs, dont la nomination sera faite par l'assemblée générale des actionnaires, seront désignés à son agrément par les groupes souscripteurs du capital.

Le premier Conseil restera en fonctions pendant cinq années. A l'expiration de ce délai, il sera procédé à son renouvellement à raison de trois membres par an. Le sort déterminera l'ordre de sortie des administrateurs ; ils seront rééligibles.

A la constitution de la Société, chaque groupe souscripteur aura le droit de désigner autant d'Administrateurs qu'il aura souscrit de parts entières, sans que les groupes soient obligés de porter leur choix sur un candidat de leur propre nationalité.

Les groupes souscripteurs ne conserveront leur droit de désignation des administrateurs, lors du remplacement de ces derniers, ou du renouvellement de leur mandat, qu'autant qu'ils pourraient justifier être encore en possession de au moins la moitié de chaque part pour laquelle ils exercent ce droit.

Dans le cas où par suite de ces dispositions un groupe souscripteur ne se trouverait plus en mesure de désigner un administrateur, l'Assemblée générale des actionnaires pourvoirait directement à cette désignation.

Art. 51

Chacun des établissements ci-après : Banque de l'Empire allemand, Banque d'Angleterre, Banque d'Espagne, Banque de France, nommera, avec l'agrément de son gouvernement, un censeur auprès de la Banque d'État du Maroc.

Les censeurs resteront en fonctions pendant quatre années par l'établissement qui a procédé à la désignation de l'ancien titulaire mais seulement pour le temps où ce dernier devait rester en charge.

Art. 52

Les censeurs qui exerceront leur mandat en vertu du présent acte des puissances signataires devront, dans l'intérêt de celles-ci, veiller sur le bon fonctionnement de la Banque et assurer la stricte observation des clauses de la concession et des statuts. Ils veilleront à l'exact accomplissement des prescriptions concernant l'émission des billets et devront surveiller les opérations tendant à l'assainissement de la situation monétaire mais ils ne pourront jamais, sous quelque prétexte que ce soit, s'immiscer dans la gestion des affaires, et dans l'administration intérieure de la Banque.

Chacun des censeurs pourra examiner en tout temps les comptes de la Banque, demander, soit au Conseil d'Administration, soit à la Direction des informations sur la gestion de la Banque, et assister aux réunions du Conseil d'Administration, mais seulement avec voix consultative.

Les quatre censeurs se réuniront à Tanger, dans l'exercice de leurs fonctions, au moins une fois tous les deux ans, à une date à concerter entre eux. D'autres réunions à Tanger ou ailleurs devront avoir lieu si trois des censeurs l'exigent.

Les quatre censeurs dresseront, d'un commun accord, un rapport annuel qui sera annexé à celui du Conseil d'Administration.

Le Conseil d'administration transmettra, sans délai, une copie de ce rapport à chacun des gouvernements signataires de l'acte de la Conférence.

Art. 53

Les émoluments et indemnités de déplacements, affectés aux censeurs, seront établis par le comité d'études des statuts. Ils seront directement versés à ces agents par les Banques chargées de leur désignation et remboursées à ces établissements par la Banque d'État du Maroc.

Art. 54

Il sera institué à Tanger auprès de la direction une Commission dont les membres seront choisis par le Conseil d'administration sans distinction de nationalité, parmi les notables résidant à Tanger, propriétaires d'actions de la Banque. Cette commission, qui sera présidée par un des directeurs ou sous-directeur, donnera son avis sur les escomptes et ouvertures de crédits.

Elle adressera un rapport mensuel sur ces diverses questions au Conseil d'administration.

Art. 55

Le capital, dont l'importance sera fixée par le comité spécial désigné à l'article 57, sans pouvoir être inférieur à quinze millions de francs, ni supérieur à vingt millions, sera formé en monnaie or et les actions, dont les coupures seront libellées dans les diverses monnaies or, à un change fixe, déterminé par les statuts.

Ce capital pourra être ultérieurement augmenté, en une ou plusieurs fois, par décision de l'Assemblée générale des actionnaires.

La souscription de ces augmentations de capital sera réservée à tous les porteurs d'actions, sans distinction de groupe, proportionnellement aux titres possédés par chacun d'eux.

Art. 56

Le capital initial de la banque sera divisé en autant de parts égales qu'il y aura de parties prenantes parmi les puissances représentées à la Conférence.

A cet effet, chaque puissance désignera une banque qui exercera, soit par elle-même, soit par un groupe de banques, le droit de souscription ci-dessus spécifié, ainsi que le droit de désignation des administrateurs prévu à l'article 50. Toute banque choisie comme chef de groupe, pourra ave[illegible]'orisation du gouvernement être remplacée par une autre banque du même pays.

Les États qui voudraient se prévaloir de leur droit de souscription, auront à communiquer cette intention au Gouvernement royal d'Espagne, dans un délai de quatre semaines, à partir de la signature du présent acte pour les représentants des puissances.

Toutefois deux parts égales à celles réservées à chacun des groupes souscripteurs seront attribuées au consortium des banques signataires du contrat du 12 juin 1904, en compensation de la cession qui sera faite par le consortium à la Banque d'Etat du Maroc.

1° Des droits spécifiés à l'article 33 du contrat ;

2° Du droit inscrit à l'article 32 (§ 2) du contrat concernant le solde disponible des recettes douanières, sous réserve expresse du privilège général conféré en premier rang par l'article 11 du même contrat aux porteurs de titres sur la totalité du produit des douanes.

Art. 57

Dans un délai de trois semaines à partir de la clôture de la souscription, notifiée par le gouvernement royal d'Espagne aux puissances intéressées, un comité spécial, composé de délégués nommés par les groupes souscripteurs, dans les conditions prévues à l'article 50 pour la nomination des administrateurs, se réunira afin d'élaborer les statuts de la Banque.

L'Assemblée générale constitutive de la société aura lieu dans un délai de deux mois, à partir de la notification du présent acte.

Le rôle du comité spécial cessera aussitôt après la constitution de la Société.

Le comité spécial fixera lui-même le lieu de ses réunions.

Art. 58

Aucune modification aux statuts ne pourra être apportée si ce n'est sur la proposition du Conseil d'Administration et après avis conforme des censeurs et du haut commissaire impérial.

Ces modifications devront être votées par l'Assemblée générale des actionnaires à la majorité des trois quarts des membres présents ou représentés.

CONCLUSION

De ce qui précède, nous pouvons conclure qu'il existe bien au Maroc une organisation financière. Mais, cette organisation est encore à l'état rudimentaire et elle a certains caractères particuliers. En premier lieu son existence semble n'avoir sa raison d'être que pour le profit d'une catégorie de gens. En effet, il n'y a guère que le Sultan et ses insatiables fonctionnaires qui bénéficient de toutes les ressources du pays. Ces agents du pouvoir central n'ont qu'un souci : tirer le plus possible des populations et par tous les moyens.

En effet, à commencer par le Sultan et ses ministres, leurs ruses, leurs malices et leur tactique ne tendent qu'à extirper de leurs subordonnés, les « caïds » des provinces et les « oumana », le plus d'argent possible et sans se préoccuper nullement de l'honnêteté des moyens dont ils se servent.

Les caïds, à leur tour, cherchent d'abord à recouvrer les fonds qu'ils ont dû verser pour l'acquisition de leurs charges et ensuite à réaliser un bénéfice. Pour cela, ils suivent le système employé par leurs supérieurs et ils dépouillent sans pitié leurs administrés.

Le Makhzen n'est, en quelque sorte, qu'une hiérarchie de vol, de corruption, de prévarication et à chaque échelon de cette étrange hiérarchie, il se produit comme une sorte de surenchère.

Tous les moyens sont donc bons pour tirer le plus possible des non fonctionnaires. Si au moins les impôts payés servaient quelque peu à les soulager. Or, il n'en est pas ainsi : le Makhzen ne rend, en effet, presque rien aux populations.

Le Trésor qui reçoit les revenus des impôts après les détournements pratiqués à chaque échelon de la hiérarchie du Makhzen ne dépense pas un liard pour les malheureux contribuables. Il n'assure avec ces ressources aucun service public, ne crée aucune œuvre d'intérêt général, n'effectue pas de travaux utiles au pays. Les deniers publics sont donc gaspillés purement et simplement au profit d'une certaine catégorie de personnes avides de s'enrichir et d'assurer leur vie raffinée dans le faste et la jouissance.

Cependant, le sultan, pour assurer la perception des impôts et avoir un prestige aux yeux de ses sujets, consent à faire un certain sacrifice en entretenant une armée, et quelle armée ! Mais faut-il encore dire que le crédit accordé à ses dépenses — et ce sont de bien maigres subsides — sont également détournés de leur destination par ceux qui en ont le maniement. De elle sorte que très peu de chose parvient aux pauvres « askris » (1) qui attendent souvent vainement leurs soldes impayées depuis plusieurs mois.

Mais, comme nous venons de le dire, cette armée n'est entretenue que dans le but égoïste de défendre le Makhzen en temps de révoltes des tribus ou pour mener une expédition contre une tribu qui refuse de payer les impôts.

Il y a en outre une autre catégorie de dépenses qui est faite par le « bit-el-mal » (2) : les Chorfa (3) qui sont, eux aussi, des descendants plus ou moins directs du Prophète sont très dangereux au Maroc par suite de la grande influence religieuse qu'ils exercent sur les populations sans distinction de classe. Cette influence est souvent égale sinon supérieure à celle du sultan, l'émir El Mouminin (4).

Quand l'autorité du souverain est quelque peu ébranlée par la coalition des tribus, il recourt aux Chorfa pour la faire rétablir ou la faire consolider. Souvent même il les fait intervenir pour mettre le calme dans une tribu révoltée.

Mais, pour gagner l'amitié et le concours effectif de ces personnages religieux qui mettent en somme leur influence à la disposition de sa politique déplo-

1. Soldats du sultan.

2. Trésor public.

3. Les nobles.

4. Le commandeur des croyants.

rable, il leur distribue, plusieurs fois par an, quelques discrètes subventions.

Cette politique nuisible du Makhzen, qui consiste, nous le répétons, à pressurer le plus possible les populations sans leur rien assurer en retour, tend à conduire le pays à une ruine certaine.

En tous cas, avec ce système néfaste, le relèvement économique du pays est impossible.

Cependant, tant que le Maroc était isolé, sans relations avec aucun autre État plus avancé que lui, il a pu vivre malgré sa situation précaire. Mais, dès le jour où il a été ouvert aux puissances européennes, c'en fut fait de lui. En effet, le contact brusque de ses finances proportionnées d'ailleurs à ses besoins relativement restreints et à sa vie spéciale, avec les finances européennes basées sur des conditions sociales absolument différentes l'a sérieusement compromis et a aggravé sa perturbation.

Quand on connait le mal, dit-on, il est aisé de trouver le remède. Cette assertion n'est pas toujours exacte. En effet, la maladie dont souffre le Maroc est chronique et sa guérison dépend de plusieurs conditions presque irréalisables avant très longtemps. Mais, s'il est impossible de rétablir complètement sa santé faible et chancelante, il existe cependant des moyens qui lui permettront de vivre encore sans trop souffrir.

A notre avis, le premier remède à apporter à cette

situation lamentable de l'Empire marocain, serait de former parmi les futurs gouvernants du pays, une élite intellectuelle susceptible de réagir utilement. Cette tentative ne peut aboutir que par une préparation sérieuse dans les écoles françaises de l'enseignement secondaire et supérieur. Les jeunes Marocains qui auront ainsi acquis une solide instruction comprendront à ce moment-là seulement que les deniers publics ne sont pas destinés à servir le bon plaisir des fonctionnaires.

D'autre part, cette réforme doit venir de ceux qui sont placés à la tête du pays, qui peuvent seuls donner l'exemple à leurs subordonnés en utilisant les finances de l'État dans l'intérêt général des populations.

Et, on ne devra pas, pour cela, bouleverser de fond en comble toutes les institutions, tous les rouages existants, mais il faudra procéder par des réformes successives. Quant au personnel actuel, il y aura nécessité à lui substituer, peu à peu, des fonctionnaires honnêtes, instruits et conscients de leurs devoirs.

D'autre part, enfin, comme rien ne se fait qu'avec l'ordre et la sécurité, il y aura lieu d'organiser l'armée grâce à laquelle le pouvoir central pourra, dans l'intérêt général du pays, imposer ses décisions inspirées de justice et d'équité.

Ainsi, en diminuant petit à petit les abus scandaleux du Makhzen, il sera possible d'utiliser les revenus de plus en plus importants au développement social et économique du pays, à son bien-être, à son instruction et à sa prospérité.

Mais, il est bien certain que ces résultats ne sauront être obtenus si le Maroc reste livré à lui-même. Car, abandonné, il périclitera, sans aucun doute, d'une façon aussi prompte que complète. Il est donc obligé, s'il veut éviter une ruine presque certaine, de demander l'appui et le concours d'une autre nation plus avancée.

Or, quatre puissances européennes lui font déjà des avances et lui offrent spontanément leurs bons offices au cas où il consentirait à écouter leurs propositions.

Une de ces puissances, l'Angleterre, s'est déjà effacée. Pour avoir seulement paru s'intéresser aux destinées de l'Empire marocain, elle s'est vu consentir (par l'accord franco-anglais de 1904) des faveurs dont elle s'est déclarée satisfaite. Il y a lieu de se féliciter de sa retraite, puisque c'est le premier contact avec cette puissance, jalousement égoïste, qui a aggravé la situation du Maroc et a réduit ce pays au triste état où il se trouve actuellement.

Il y a, en second lieu, l'Allemagne qui, malgré l'hypocrite sympathie qu'elle manifeste aux musulmans, n'en rêve pas moins de mettre la main sur l'Empire marocain pour y jeter les dix millions d'hommes qui l'encombrent et l'inondent ensuite de ses « *camelotes* ».

L'établissement de cette puissance au Maroc ne serait pas moins néfaste pour les Marocains que ne l'est pour une terre fertile une invasion de sauterelles mangeant et détruisant tout sur leur passage.

La troisième puissance européenne qui a des visées de convoitise sur le Maroc, c'est l'Espagne. Il faut réellement que l'Empire marocain soit d'une faiblesse excessive pour qu'une puissance comme l'Espagne puisse avoir l'ambition de s'y établir. Les Espagnols, en effet, ont grand besoin d'effectuer leur réorganisation intérieure avant de penser à aller régénérer d'autres Etats. Leurs finances, particulièrement, ne sont guère plus brillantes que celles de leurs voisins marocains.

D'autre part, les Espagnols sont trop connus par leur fanatisme et leur intolérance. Le souvenir de l'Inquisition est encore présent à la mémoire de tous. Enfin, leur cruauté, leur tyrannie et leur exploitation éhontée des populations indigènes leur ont fait perdre tout leur immense empire colonial. Qu'ils songent donc à s'occuper d'eux-mêmes avant de penser d'aller faire l'éducation des peuples qu'ils croient inférieurs à eux.

Enfin la dernière puissance européenne qui offre sa collaboration au sultan du Maroc, c'est la France. Nous avons promis de donner franchement et en toute sincérité notre sentiment. Qu'on ne nous accuse pas de partialité, à raison de notre qualité de Français, parce que nous déclarons hautement que seule la France pourrait régénérer le Maroc. Sa politique est trop connue pour qu'elle ait besoin d'être défendue. Certes, nous ne disconvenons pas qu'au début de la conquête de l'Algérie, elle ait commis de grosses fautes, d'abord en laissant une multitude de gens sans aveu, Maltais, Espagnols, Italiens, exploiter, sans vergogne, les populations indigènes qu'ils ont spoliées honteusement de leurs terres; puis en octroyant, sans raison plausible, le titre de citoyen français, avec les nombreux et appréciables privilèges qui lui sont attachés, aux étrangers dont nous avons parlé et aux Juifs résidant en Algérie, alors que cette faveur est encore refusée à l'indigène musulman.

Mais, à part ces deux griefs, la politique de la France a été toujours, *en comparaison* de celle des autres puissances européennes, plus tolérante, plus humaine et plus libérale.

Les six millions de musulmans qu'Elle protège jouissent aujourd'hui d'une sécurité qu'ils n'avaient jamais connue et, grâce à l'instruction que généreusement Elle leur prodigue, ils ont fait un grand pas vers le progrès.

Si les Marocains veulent bien comprendre leurs intérêts, ils accueilleront à bras ouverts sa collaboration sincère et loyale.

D'ailleurs, nous sommes persuadé que la majeure partie de la population du Maroc sera heureuse de secouer définitivement le joug tyrannique d'un Makhzen fantaisiste et capricieux. Seuls les exploiteurs manifesteront une résistance profondément intéressée à l'ingérence d'une puissance européenne, dans leurs affaires louches et ténébreuses.

Mais, avec le temps et grâce à une politique intelligente et sainement comprise, la France, désireuse d'apporter à ses frères d'Afrique les bienfaits de sa civilisation, vaincra tous les obstacles et mettra fin au régime d'abus criminels sous lequel le Maroc a longtemps vécu.

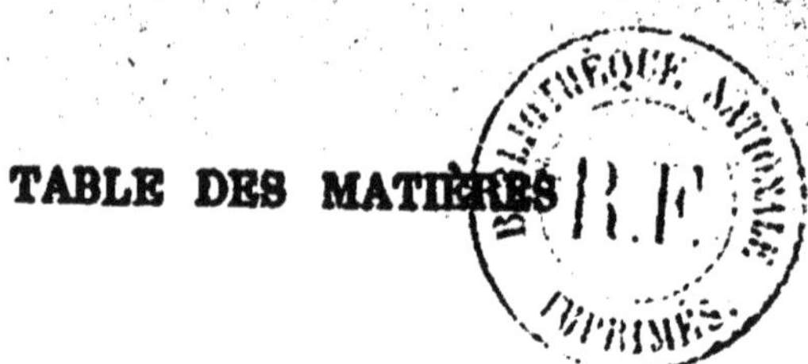

TABLE DES MATIÈRES

PREMIÈRE PARTIE

DEUXIÈME PARTIE

TROISIÈME PARTIE

MAYENNE, IMPRIMERIE CHARLES COLIN

www.ingramcontent.com/pod-product-compliance
Ingram Content Group UK Ltd.
Pitfield, Milton Keynes, MK11 3LW, UK
UKHW020214250726
13967UKWH00003B/1471